KB138422

빅데이터는
알고 있다
당신의 영어 무엇이
문제인지

영포자 오답노트

일러두기

이 책에 활용된 화상영어 및 전화영어 학습자의 영어 문장 패턴 빅데이터는
2006년 05월부터 2015년 12월까지 116개월간 약 507만 개의 회화 문장을 수집한 것이다.
본 빅데이터를 바탕으로 2016년부터 18개월간 기획 및 통계 분석 작업을 실시하였다.

영포자 오답노트

1판 1쇄 발행 2018년 1월 10일

지은이 서재택, 김지우, 원우재
펴낸이 김선숙, 이돈희
펴낸곳 그리고책(주식회사 이밥차)

주소 서울시 서대문구 연희로 192 이밥차빌딩 2층
대표전화 02-717-5486~7
팩스 02-717-5427
출판등록 2003년 4월 4일 제 10-2621호

본부장 이정순
편집책임 박은식
편집진행 심형희, 양승은, 이현아, 임정현, 김의미
마케팅 남유진, 권지은, 허선형
영업 이석원
경영지원 차은영, 윤나라
디자인 이정환
교열 김혜정

ISBN 978-89-97686-90-2 53740

영포자 오답노트

빅데이터는 알고 있다
당신의 영어 무엇이 문제인지

한국인이 가장
많이 틀리는
192개 문장
완벽 해설

서재택 · 김지우 · 원우재 지음

그리고책
andbooks

빅데이터가 영어 공부를 도와준다고?

한국과 미국에서 초등학생부터 성인에 이르기까지 다양한 연령대의 학생들을 10여 년 넘게 가르쳐오면서, 영어를 외국어로써 배우는 우리나라 환경에서 영어를 학습한 다는 것은 결코 쉽지 않은 여정이라고 느꼈다. 특히 한국 학생들은 어릴 때부터 많은 시간과 비용을 투자하여 영어를 배우지만 그 효과는 미미한 경우가 허다하다. 성인이 되어서도 취업이나 승진을 위하여 영어를 배우려는 학습자들이나 해외여행 중에 의 사소통의 어려움을 겪고 영어를 배우려는 학습자가 많다. 이처럼 한국에는 다양한 이 유로 영어를 포기하지 못하는 사람들이 많다.

학습자들이 영어를 배울 때 가장 어려워하는 부분은 바로 영어를 '영어식 사고'로 생 각하지 않는 데서 발생한다. 예를 들어 '짝사랑'을 'one side love'로 표현하는 오류를 종종 범한다. 영어 사전에는 이와 같은 표현은 없다. 학습자들의 오류는 '짝사랑이라 는 말을 하고 싶긴 한데 이것을 단어로는 어떻게 말해야 하나?'라고 생각하기 때문에 발생한다. 한국어 단어를 영어 단어로 1:1 대치하여 문장을 만들거나, 학습서의 예시 문장을 마치 유일한 정답처럼 무조건 암기하는 태도는 효과적인 영어 학습에 걸림돌 이 된다.

영어는 언어다. 문맥과 상황에 따라서, 그리고 말하는 목적과 대상에 따라서 표현 방법과 의사 전달 방식이 달라진다. 그러나 많은 학습자들은 영어공부를 할 때 이 부분을 많이 놓친다. 그리고는 영어가 늘지 않는다고 푸념한다.

〈영포자 오답노트〉는 빅데이터 전문가가 수년간 수집한 데이터를 분석한 결과를 바탕으로 기획되었다. 이 책은 영어 학습자들이 원어민 강사와 대화할 때 높은 확률로 발생하는 실수들을 수집하고 연구하였다. 빅데이터 분석을 통해 가장 빈번하게 발생하는 192개의 오류 표현을 선정하고, 각각의 오답률을 산출하여 실수의 원인을 분석하였다. 이 데이터를 바탕으로 학습자들이 범하는 문법적, 영어구조적인 오류를 설명하고, 더 나아가 학습자들이 궁금해 하거나 어렵다고 느끼는 부분의 맥을 짚어주는 데 초점을 맞추었다. 또한 관련된 오류 문장과 올바른 문장의 예를 최대한 제공하여 학습자가 자연스럽고 바른 문장을 구사할 수 있도록 지침을 제시한다.

이 책은 영어 학습자의 실수를 최소화하고 올바른 영어식 사고를 돕는 데 그 취지가 있다. 또한 본문 사이에 쉬어가기 코너 '영어를 맛있게 즐기는 법'을 통해 알아두면 유익한 정보를 소개하고 영어에 대한 흥미를 높일 수 있도록 노력했다.

이 책을 통해 많은 '영포자' 학생들이 영어에 다시 관심을 갖고 "나도 영어를 잘 할 수 있다!"는 학습 의욕을 회복하는 계기가 되기를 희망한다.

Contents

Chapter 03   문장 구조와 어순의 오답노트   069

Contents

Chapter 04   단어 선택의 오답노트   139

Contents

Chapter 05　　관사와 대명사 사용의 오답노트　　225

Contents

Chapter 06   전치사와 기타 표현의 오답노트   257

Chapter 01

영어 회화
단계별 지침

o
×
o
×

1 왜 영어가 늘지 않을까

여러분은 몇 년간 영어를 공부해 왔는가? 학창 시절부터 상당 시간 영어에 노출되어 왔음은 분명하다. 즉, 영어 문법책 몇 권은 구입해서 읽었고, 작은 소리로 영어 단어를 외우고, 학교 영어시험이나 공인된 영어 테스트를 수차례 치렀다. 그렇게 수십 년이 지났다. 그렇다면 현재 여러분의 영어 실력은 어느 정도인가?

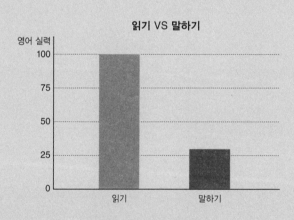

영어 실력은 여러 분야로 평가할 수 있는데, 주로 읽기 능력과 말하기(회화) 능력으로 평가한다. 학창 시절 수년간의 영어 공부 덕분에 여러분과 같은 영어 학습자의 '읽기 능력'은 수준이 높은 편이다. 하지만 그에 반해 '말하기 능력'은 좋지 못하다.

상담실을 찾아오는 학습자들의 대부분은 "읽기는 괜찮은데 영어로 말하기가 참 힘들어요. 공부를 해도 늘지 않아요."라며 하소연한다. 나는 학습자들에게 "지금도 늦지 않았다. 말하기 연습을 꾸준히 하면, 읽기 능력만큼 말하기 능력을 끌어올릴 수 있다." 고 격려하곤 한다. 말하기 능력이 떨어지는 것이 아니다. 여러분의 읽기 능력이 뛰어난 것이다. 이제 부단한 노력을 통해 말하기 능력을 여러분의 영어 실력에 맞게 끌어올리면 된다.

여러분 수준에 맞는 영어 읽기와 말하기 능력이 갖추어질 때 비로소 여러분의 영어 능력이 실력이 된다.

2 영어 말하기 능력이 중요하다

영어 읽기 능력과 말하기 능력의 차이로 인해, 많은 학습자들이 슬럼프에 빠진다. 영어에 대한 흥미를 잃기도 한다. 다음 문제를 한번 풀어보자.

DIRECTIONS: Select the letter that best answers the question or statements.

1. Identify the error

I am not <u>confidence</u> in giving a <u>presentation</u> in front of <u>a lot of</u> people.
         (a)   (b)   (c)

2. Which Sentence is correct?

(A) Mr. Smith could not cut a deal with the investors because he arrived at the meeting lately yesterday.

(B) Mr. Smith could not cut a deal with the investors because he arrived at the meeting late yesterday.

3. Which sentence is incorrect?

 (A) I was went to school yesterday.

 (B) I was at school yesterday.

 (C) I went to school yesterday.

오랜 기간 영어를 공부한 여러분이라면 정답을 찾았을 것이라 생각한다. 하지만 여러분이 정답을 찾았는지 아닌지는 중요하지 않다. 눈으로 보면서 해답을 찾는 것은 가능하다. 하지만 위 문제를 영어로 듣고 해답을 찾아야 하는 경우는 어떨까? 지문에 숨겨진 문장의 오류나 시제의 불일치를 찾아낼 수 있을까? 읽기 능력보다 말하기 능력이 떨어진다면 매우 당황스러울 것이다. 영어 말하기 능력이 매우 시급하다.

정답 : 1. (a) 2. (B) 3. (A)

3 슬럼프는 언제나 찾아온다

대학생과 사회인은 영어 학원을 찾아가 영어 회화 공부에 매진한다. 높은 수준의 영어 읽기 능력에 맞춰 뒤떨어진 말하기 능력을 배양하기 위해서다.

초보 학습자들은 아직 본인의 영어 실력에서 어떤 부분이 부족한지 모른다. 이런 경우 노력해도 원하는 성과를 얻기 힘들다. 금방 포기하고 만다. 그리고 몇 개월 지나 여전히 초보인 상태로 다시 시작하게 된다.

이는 '영어'를 '학습'이나 공부로 대하기 때문이다. 전문가들은 "영어를 체육 과목으로 생각하라."고 조언한다. 영어는 일상의 생활이다. 영어는 생활처럼 익숙해져야 한다. 수년간 영어를 배워왔지만 외국인 앞에서 한마디 못한다. 공부를 하지 않아서일까? 그렇지 않다. 읽기 능력에 비해 '말하기 능력'을 높여주는 연습을 하지 않아서다. 머리로는 알고 있지만 입으로 사용하지 않아서 '익숙하지' 않기 때문이다. 많은 영어 학습자들이 다음과 같은 패턴에 빠지곤 한다.

1단계

처음으로 원어민이 진행하는 영어 수업에 출석했다. 아는 영어 단어를 총동원해서 선생님과 대화를 시도했다. 서툰 영어지만 뜻이 통하는 것을 보니 기분이 좋다. 무척 긴장되지만 영어로 대화를 이어 나갈 수 있다니 무척 흥분된다. 하지만 서로의 안부를 물은 이후에 대화가 진전되지 않는다. 무슨 이야기를 나눠야 할지 감을 잡을 수가 없다. 요즘 인기인 드라마 이야기를 하고 싶지만 설명하기에 적당한 영어 표현이 떠오르지 않는다.

→ 2단계로 가거나, 포기하고 1단계에서 다시 시작한다.

2단계

벌써 슬럼프가 왔다. 안부를 묻는 간단한 대화는 이제 익숙하다. 영어로 간단히 대화하는 것은 익숙하기 때문에 흥분되지도 않는다. 선생님과 나눌 이야깃거리도 준비하지 않는다. 무엇보다 나의 영어 말하기 실력이 형편없다는 것을 깨닫게 되었다. 얼마 전까지만 해도 영어로 대화할 수 있다는 사실이 기뻤지만, 지금은 영어로 말하는 것이 부끄럽다. 무엇보다 실력이 늘지 않는다. 혹시 선생님 실력이 부족한 게 아닐까? 영어는 나에게 맞지 않는 것 같다. 변명 거리를 찾기 시작한다.

→ 3단계로 가거나, 포기하고 1단계에서 다시 시작한다.

3단계

포기하지 않았더니 슬럼프는 오래 가지 않았다. 말하기 능력이 높은 수준에 도달했다. 이제 읽기 능력과 말하기 능력의 조화가 이뤄진다. 문법에 신경을 쓰며 말하고, 자주 쓰는 구문을 활용할 줄 알게 되었다. 말하기 실력이 좋아지니 영작 능력도 좋아졌다. 나의 생각을 글과 말로 표현하는 것이 즐겁다. 기존에 배우지 않았던 새로운 단어를 배우고 새로운 영어 표현을 익혀나간다.

1단계와 2단계의 난관을 지나 3단계의 영어 학습 단계에 접어들었다면 성공이다. 이제부터 본격적인 영어의 시작이다. 영어가 생활이 되고 습관이 되는 것은 시간문제다. 하지만 많은 학습자들이 영어 단어 외우기에 힘들어하고, 생소한 문법에 겁을 먹고 만다. 말하기 연습이 없는 상태에서 단어와 문법만 공부하는 이상한 현상이 반복된다. 첫 단추를 잘못 끼웠는지 다시 한 번 살펴보자. 외국인과의 대화를 두려워하지 말자. 여러분의 영어, 무엇이 문제인지 지금부터 다시 점검하자.

4 현재 영어 능력은 어느 정도인가?

오래동안 영어 공부를 해왔어도 외국인과 대화 한마디 나누기 어렵고, 읽기 능력과 말하기 능력에 차이가 있으며, 영어 학원을 전전하면서 초보 딱지를 떼지 못하는 학습자가 많다. 앞서 지적했듯이 본인의 영어 실력을 정확히 알고 부족한 것이 무엇인지 알아야 한다.

가까운 영어 학원에서 레벨 테스트를 받아 자신의 영어 실력을 파악할 수 있다. 다음 표는 영어 능력에 따른 학습 레벨이니 참고하자.

Level 1 Low Beginner	기초적인 단어, 인사말 등의 표현만 사용하고 이해할 수 있으며, 문법적인 지식이 없습니다.
Level 2 Beginner	간단한 단어와 문법을 사용합니다. 초보적인 자기소개만 가능합니다. 그 밖의 다른 주제 및 내용에 대해서는 이야기하지 못합니다.
Level 3 High Beginner	일상생활에 필요한 기본적인 회화는 가능합니다. 기초적인 표현만 사용할 수 있습니다. 간단한 지시 사항을 이해하고 방향 등을 표현할 수 있습니다.
Level 4 Low-Intermediate	일상생활에 대한 대화와 작문이 가능합니다. 문법에 대한 기본적인 이해를 가지고 있습니다. 하지만 어휘력에는 한계가 있습니다.
Level 5 Intermediate	일상생활 주제는 쉽게 대화하고 독해할 수 있으며 작문할 수 있습니다. 그러나 표현력에는 한계가 있습니다.
Level 6 Post-Intermediate	상급자 수준의 문법 지식을 가지고 있습니다. 전문 분야가 아닌 주제에 대해 대화할 수 있지만 실수를 할 때도 있습니다.

Level 7 Pre-Advanced	효과적으로 대화하고 작문할 수 있습니다. 복잡한 문장이나 관용적 표현에서 가끔 실수하기도 합니다.
Level 8 Advanced	의사소통에 문제가 없습니다. 유창하고 정확하게 자신의 의사를 표현할 수 있습니다. 전문 분야에 대한 어휘력이 부족할 수 있습니다.
Level 9 Proficient	매우 뛰어난 언어 능력을 갖추고 있으며 작문 능력도 뛰어납니다. 영어권 문화를 이해하며 대부분의 표현을 이해하고 사용할 수 있습니다.

초보 학습자는 완전한 문장을 만드는 것에 어려움을 느낀다. 영어 학습을 오래 해왔기 때문에 영어 문법에 익숙하지만 실제 사용하는 연습이 부족한 것이다. 즉, 문장을 만들려고 노력하지만 결국 틀린 문장을 만들고 만다. 주어, 동사, 목적어를 사용해 문장을 만들지만 시제 표현이 틀리는 경우가 많다.

중급 단계의 학습자는 보통 시제를 정확하게 사용하지만 수식어 등에서 오류를 범한다. 즉, 간단한 구조의 문장은 만들지만, 문장의 의미를 구체적으로 풍부하게 표현하는 것에 어려움을 느낀다. 일상적인 대화는 충분히 가능한 단계다.

고급 단계의 학습자는 영어권 문화를 이해하며 글이나 말로 표현하는 것에 어려움을 느끼지 않는 단계다.

초보 단계에서 중급이나 고급 단계로 넘어가려면 오류가 없는 문장을 만드는 노력을 해야 한다. 어려운 단어를 많이 알고 있는 학습자도 문장 구성에서 실수를 자주 범한다. 영어는 습관이다. 영어로 대화할 때 "I am go."와 같은 틀린 문장을 불쑥 내뱉기도 한다.

이 책은 많은 학습자들이 영어로 대화할 때 자주 범하는 실수들을 모았다. 수학을 잘하려면 수학 오답노트가 필요하듯이, 자주 반복되는 영어 표현 실수를 바로잡으려면 영어 오답노트가 필요하다. 다른 영어 학습자의 실수를 타산지석 삼아 영어 정복의 길로 한발 나아가보자.

5 영어도 수학처럼 오답노트가 필요하다

영어 10년 차 학습자도 '어라? 이게 틀린 표현이었어?'라며 놀란다. 영어란 알면 알수록 어려워지는 것 같다. 끝이 없는 영어 학습의 길에 '영어 오답노트'가 해답이 아닐까. 남을 보고 나를 봐야 알 수 있는 잘못된 영어 표현의 예를 모았다.

이 책은 5만 명의 화상영어 사용자의 5백만 영어 패턴을 분석한 빅데이터의 결과를 엮은 책이다. 5백만 영어 패턴 중에 한국인 영어 학습자가 높은 빈도로 오류를 범하는 문장 192개를 선정하였다. 192개 오류 문장은 영어에 대한 이해 부족과 문화의 차이로 인해 발생하는 것으로 분석되었다.

영어도 수학처럼 오답노트가 필요하다. 이 책은 10년 넘게 영어를 썼지만 아직도 초보를 면치 못하는 학습자, 단순한 문제에서 반복적으로 영어를 틀리는 학습자, 현지인처럼 단순하면서도 유려한 영어 표현을 사용하고 싶은 학습자에게 추천한다. 자주 틀리는 영어 문장을 들여다보면 영어 학습자가 어떤 부분에서 잘못된 영어 지식을 가지고 있는지 파악할 수 있다. 그 유형은 문장의 구성, 품사의 사용, 적합한 단어의 사용 오류 등으로 구분된다.

빅데이터 기술로 빈도수 높은 오류 표현을 모아 영어 전문 강사가 올바르게 해설한 영어 오답노트는 영어 내신, 토익, 텝스 등 시험에서 꼭 틀리는 영어 표현을 바로 잡을 수 있다. 또한 영어 회화와 영어 작문에서 올바른 영어 표현을 익힐 수 있다. 사람들이 가장 자주 사용하는 영어 표현을 익혀 능숙하게 영어를 사용해보자. 이 책을 통해 영어 학습자들이 영어를 완전 정복하기를 바란다.

대표적인 영어표현 오류와 오답률

▐▐▐ 5백만 영어문장 분석

정확한 표현 17.0% ······················· 83.0% **잘못된 표현**

81.62%	명사와 동사를 혼동하거나 잘못 사용한 오류 X She did not very well. O She did not do very well.
81.87%	단어를 잘못 배열하거나 문장 구조가 잘못된 오류 X How heavy are you? O How much do you weigh?
85.58%	상황에 맞는 적절한 단어를 선택하지 못해 발생하는 오류 X Do you have a neck ache? O Do you have a sore throat?
82.22%	관사, 대명사, 전치사 등을 혼동하거나 적절하지 않게 사용한 오류 X I am pain. O I am in pain.

(2017년 4월 10일, 통계 분석자료, 서재택)

이 책은 192개의 대표적인 오류 문장을 확인하고 올바른 표현을 익혀보도록 구성하였다.
다음을 참고하여 이 책을 당신의 것으로 만들기 바란다.

5백만 영어 패턴 중 많은 학습자가 [명사의 단수/복수]에 관한 비슷한 유형의 오류를 범하고 있다. 오류 문장의 대표적인 예를 소개한다.

001
The police are coming

오답률 72.3%

○ 필수 오답노트

X The police is coming.

O **The police are coming.**

경찰이 오고 있다.

명사의 단수/복수

Police는 복수형 명사로 단수 형태가 없다. 복수 형태로만 쓰이는 극소수의 집합명사 가운데 하나이다. "경찰이 여기에 있다"의 올바른 영어 표현은 "The police are here.(O)"이며, "A police is here.(X)"는 틀린 표현이다. Police 앞에 단수명사가 한 개일 때 쓰는 부정관사 'a'는 붙일 수 없다.

경찰관은 'a'를 붙여 단수명사로 a police officer라고 쓸 수 있으며, 복수일 때 '-s'를 붙여 police officers라고 쓸 수 있다. Police는 '경찰 집단'의 의미로 복수명사로 취급한다.

또한 문맥상 경찰관을 officers라고 표현할 수 있다. 그러나 어떤 경우라 하더라도, officer를 붙이지 않고 a police라고 말한다면 틀린 표현이다.

○ 이것도 알아두세요!

O A police officer is here. 경찰관 한 명이 여기 있다.
O Several (police) officers arrived. 몇몇의 경찰관들이 도착했다.

비슷한 유형의 문장을 사용하는 학습자 중 무려 72.3퍼센트의 학습자가 잘못된 문장을 사용하고 있음을 나타낸다.

많은 학습자가 [명사의 단수/복수] 오류로 틀린 문장을 사용하고 있다. 문장의 오류를 설명하고 바른 표현 방법을 담았다.

관련 문법 정보나 해설을 추가하였다. 처음 읽을 때는 넘어가도 좋다. 본서를 다시 읽을 때에는 반드시 이 부분도 꼼꼼히 체크하자.

Chapter 02

명사와 동사 선택의 오답노트

○
×
○
×

The police are coming

○ 필수 오답노트

X   The police is coming.

O   **The police are coming.**

경찰이 오고 있다.

명사의 단수/복수

Police는 복수형 명사로 단수 형태가 없다. 복수 형태로만 쓰이는 극소수의 집합명사 가운데 하나이다. "경찰이 여기에 있다"의 올바른 영어 표현은 "The police are here.(O)"이며, "A police is here.(X)"는 틀린 표현이다. Police 앞에 단수명사가 한 개일 때 쓰는 부정관사 'a'는 붙일 수 없다.

경찰관은 'a'를 붙여 단수명사로 a police officer라고 쓸 수 있으며, 복수일 때 '-s'를 붙여 police officers라고 쓸 수 있다. Police는 '경찰 집단'의 의미로 복수명사로 취급한다.

또한 문맥상 경찰관을 officers라고 표현할 수 있다. 그러나 어떤 경우라 하더라도, officer를 붙이지 않고 a police라고 말한다면 틀린 표현이다.

○ 이것도 알아두세요!

O A police officer is here. 경찰관 한 명이 여기 있다.
O Several (police) officers arrived. 몇몇의 경찰관들이 도착했다.

One of his goals

○ 필수 오답노트

X   One of his goals are to succeed in advertising.

O   **One of his goals is to succeed in advertising.**

그의 목표 가운데 하나는 광고 분야에서 성공하는 것이다.

주어의 단수/복수

영어는 단수와 복수명사의 구분이 명확하다. 단수명사는 단수동사를 취하는 반면, 복수명사는 복수동사를 취한다. 즉, 주어가 3인칭 단수(he, she, it)일 때는, 동사에 '-s' 혹은 '-es'를 붙여야 한다.

단, 주의할 점이 있다. 동사 앞의 주어가 'of' 등의 수식을 받아 길어진 경우이다. 이럴 경우 주어의 단수와 복수 형태를 파악하지 못하는 경우가 많은데, 'of'로 시작하는 구 앞의 명사가 주어임을 기억하자!

○ 이것도 알아두세요!

O   She likes to play games.
   she는 3인칭 단수이므로 동사 like의 단수 형태 likes가 옳은 표현이다.

O   The boys watch television every day.

O   The list of the items is on the table.

X   One of the girls are wearing a pink shirt.
   'one'이 주어이므로 'is'를 쓴다.

She takes the bus

O 필수 오답노트

X She is take the bus to school every day.

O **She takes the bus to school every day.**

그녀는 매일 버스를 타고 학교에 간다.

동사의 현재형

많은 경우 be동사(am, are, is, was, were)와 일반동사의 현재형을 함께 쓰는 실수를 범한다. be동사 'is'는 연결동사로, 일반동사의 현재형인 'takes'와 함께 쓰일 수 없다. '~를 타다'라는 영어표현은 be동사가 아닌 'take'만 쓴다.

여기서 잠깐, be동사가 동사원형과 함께 나란히 쓰일 수는 없지만, be동사 + 현재분사(be + 동사-ing)는 '진행시제'이고 능동태이며, be동사 + 과거분사(be + p.p.)는 수동태이다. 여기서 be동사에 따라 'am/are/is'이면 현재시제이고, 'was/were'은 과거시제가 된다.

O Susie is driving to school now. (현재진행시제)

수지는 지금 차를 몰고 학교에 가는 중이다.

O Susie was driving to school when I called her. (과거진행시제)

내가 전화했을 때, 수지는 운전 중이었다.

O English is spoken in many countries. (수동태-현재시제)

많은 나라에서 영어가 사용된다.

O Many people were invited to the party. (수동태-과거시제)

많은 사람들이 그 파티에 초대받았다.

I was waiting for your call

오답률
95.1
%

○ 필수 오답노트

X   I waiting your calling.

O   **I was waiting for your call.**

당신 전화를 기다리고 있었다.

동사의 진행형

예시 문장 "I waiting your calling."에는 두 가지 오류가 있다.

먼저, 진행 중인 동작을 표현하거나 최근에 일어나고 있는 행동을 나타내는 진행시제는 다음과 같이 be동사(am, are, is, was, were)가 있어야 한다. 진행시제(be동사 + 동사-ing) 형태를 만들 때, 반드시 be동사가 있어야 하고 생략할 수 없다는 점을 기억하자.

또한 '전화를 기다리다'라는 표현은 'wait for a call'이다. for를 사용하지 않으면 틀린 문장이다.

○ 이것도 알아두세요!

O I am coming. (현재진행형)

O I was coming. (과거진행형)

O I will be coming. (미래진행형)

O I have been coming. (현재완료 진행형)

O I had been coming. (과거완료 진행형)

O I will have been coming. (미래완료 진행형)

I visited Orlando last weekend

O 필수 오답노트

X I have visited Orlando last weekend.

O I visited Orlando last weekend.

나는 지난 주말에 올랜도를 방문했다.

동사의 과거형

동사의 시제는 영어문법에서 아주 중요하다. 완전히 끝난 과거의 행동을 표현할 때, 과거시제를 나타내는 시간 표현과 함께 단순과거시제를 사용한다. 구성은 '동사-ed 또는 불규칙 과거동사' 이다. 이 시제는 과거에 시작해서 과거에 끝난 일에 대해 말할 때 사용한다.

현재완료시제(have/has + 과거분사)는 과거 어느 시점에 시작된 일이 현재까지 영향을 미치는 경우에 쓰이므로 명백한 과거시점을 밝히는 yesterday, ~ago, last~ 등과 함께 쓰지 않는다 는 사실을 알아두자.

X I have gone to the market yesterday.
　현재완료시제는 명백한 과거 시점을 나타내는 yesterday와 함께 쓰지 않는다
O I went to the market yesterday.

과거시제에 사용되는 가장 흔한 시간 표현들에는 다음과 같은 것들이 있으니 참고하자.
yesterday, the day before yesterday / a week ago, three days ago, a couple of months ago / last weekend, last month, last year / last night, last week

O 이것도 알아두세요!

단, 시간 표현은 문장의 처음이나 끝에 나오며 문장의 중간에는 나오지 않는다.

O Last Tuesday I went grocery shopping. 지난 주 화요일에 나는 장보러 갔었다.

O I went grocery shopping last Tuesday.

X I went last Tuesday grocery shopping.

I hope he has a good opportunity

O 필수 오답노트

X I wish he has a good opportunity to develop his skills and ability so that he can earn much money.

O I hope he has a good opportunity to develop his skills and ability so that he can earn much money in the future.

나는 그가 자신의 소질과 능력을 개발할 좋은 기회를 가져서 미래에 많은 돈을 벌 수 있길 바란다.

'hope'와 현재형

단어 'hope'가 동사로 사용될 때, 미래를 의미하더라도 현재시제 동사를 주로 사용한다.

O I just hope the bus is on time tomorrow.
나는 내일 버스가 정각에 오길 바랄 뿐이야.

O She hopes her brother finishes his degree earlier.
그녀는 자신의 남자형제가 학위를 일찍 마치기를 바라고 있어.

O I hope it doesn't rain. 비가 오지 않기를 바래.

또한 'hope'는 'hope + to 동사원형'의 형태로 쓰이기도 한다. 다음과 같이 표현한다.

O I hope to visit my uncle soon. 나는 삼촌을 곧 뵙길 희망한다.

O 이것도 알아두세요!

wish는 '소망, 바람'을 뜻할 때 'I wish + 주어 + 현재동사' 형태로 말하지 않는다.
'wish somebody something'의 영어구조로 말해야 한다.

O I wish you good luck. 행운을 빌어요.
O I wish your pleasant stay here. 여기서 편히 지내시길 바래요.

'I wish + 주어 + 과거동사'의 구조는 '이루지 못한 소망에 대한 유감'을 의미한다.

O I wish I had a bigger house. 좀 더 큰 집이 있으면 좋을 텐데.
그러므로 '희망하다, 바라다' 를 주어 + 동사와 함께 쓰려면 wish 대신에 hope를 써서 표현
한다.

It will snow tomorrow

○ 필수 오답노트

X It will be snow tomorrow.

O It will snow tomorrow.

내일 눈이 올 것이다.

'will'과 미래형

미래시제를 표현하는 조동사 'will'은 화자가 말하는 시점에서 미래에 일어날 일을 계획하는 '~할 것이다'로 사용하거나, 단순히 미래의 상황을 예측하는 '~일 것이다'의 뜻으로 사용한다. 'will'은 조동사이므로 바로 뒤에는 동사원형이 온다.

O It will rain on Sunday. 일요일에 비가 올 거야.

단, 조동사 뒤에는 동사원형을 써야 하기 때문에 be동사가 'will' 바로 뒤에 나올 수 있지만, 일반동사 'snow'가 나란히 놓이면 틀린 문장이 된다. 학습자들이 "It will be snow tomorrow."라고 잘못 표현하는 경우가 많다. 'snow'는 명사 '눈'으로 쓰이기도 하지만, 앞 문장에서 'snow'는 동사로 쓰였기 때문에 'be동사'는 필요 없다. be동사 뒤에 동사원형이 나올 수 없다는 사실을 다시 한 번 기억하자.

참고로 미래진행시제인 "It will be snowing tomorrow."는 옳은 문장이다. 눈이 오거나 비가 온다고 말할 때 쓰는 비인칭 주어 'It'은 '그것'이라고 해석하지 않는다.

○ 이것도 알아두세요!

O There is a lot of snow in Korea. 한국에는 눈이 많이 온다.

O There is a lot of rain in Korea. 한국에는 비가 많이 온다.

O We have lots of snow in the winter. (= a lot of snow) 겨울에는 눈이 많이 온다.

He usually plays soccer on Saturday mornings

○ 필수 오답노트

X He usually play soccer on Saturday mornings.

O He usually plays soccer on Saturday mornings.

그는 토요일 아침에 축구를 한다.

현재형 문장 만들기

동사원형은 현재시제에서 쓴다. 그러나 주어가 3인칭 단수(she, he, it) 형태일 때 동사에 '-s' 혹은 '-es'를 붙이는 것을 잊어버리는 경우가 매우 많다. 한국어에는 주어가 단수 형태일 때 동사를 변형해서 말하지 않기 때문이다. 기초적인 지식이지만, 실제 사용할 때 자주 발생하는 오류이니 주의하자. 문장을 읽으며 연습할 때 '-s'와 '-es'를 강조해서 읽는다면 이러한 오류를 줄이는 데 도움이 된다.

○ 이것도 알아두세요!

X He live in Boston.
O He lives in Boston.
X I works in New York.
O I work in New York.

It might snow tonight

오답률
75.4
%

O 필수 오답노트

X   I think it maybe snow tonight.

O   **It might snow tonight.**

오늘밤 눈이 올 지도 몰라.

추측하는 문장 만들기

'maybe'는 부사로 '아마, 어쩌면'이라는 뜻으로 'perhaps'와 같은 의미이지만 'perhaps'보다 비격식적인 글이나 구어체로 주로 쓰인다. 실제로 'maybe'보다는 'perhaps'가 훨씬 더 일반적인 표현이다. 한 가지 주의할 점은 부사 'maybe'와 'may be'(조동사 may + be동사원형)는 서로 다른 표현이라는 것이다.

'maybe'와 'I think'는 모두 '확실하지 않은 사실'의 뜻을 가지고 있으므로, 함께 사용할 때는 의미가 중복된다. 확실하지 않은 미래를 추측할 때 'maybe I think'라는 표현보다 조동사 'might'를 사용한다.

X I think your purse maybe in the living room.

O Your purse might be in the living room.

네 핸드백이 아마도 거실에 있는 것 같아.

'may'는 다음과 같이 사용한다.

① 추측 : ~일지도 모른다.

② 허락 : ~해도 된다.

①로 사용할 경우 'may' 대신에 'might'를 사용할 수 있다.

O You may/might want to visit the botanical gardens during your visit.

　　네가 방문하는 동안 식물원에 가고 싶을 지도 모르겠다

'might'는 일반적으로 may에 비해 실현가능성이 더 낮을 때 사용한다. 사실 이 부분에 객관적인 기준이 있는 것이 아니므로 다양한 문맥을 접하면서 자연스러운 어감을 스스로 익혀가는 것이 필요하다.

'I might'는 'I think 주어 + will + 동사원형'의 뜻으로 미래의 불확실한 추측을 의미할 때 쓰인다. 'might'는 가능성을 이야기할 때 가장 흔하게 사용되는 표현이다.

O I might visit my grandparents tomorrow, but I'm not sure. (= I think I will visit ~.)

　　내일 조부모님을 방문할 수도 있지만 잘 모르겠다. (=나는 ○○을 방문할 것 같아.)

O 이것도 알아두세요!

might는 가정법에서도 종종 사용한다.

O If I didn't have to work, I might go with you.

　　내가 회사를 가지 않아도 되면, 너와 함께 갈 수 있을 텐데.

I have not decided it yet

O 필수 오답노트

X   I am not decided it yet.

O   **I have not decided it yet.**

아직 그것을 결정 못했어요.

현재완료 문장 만들기

'have'가 '가지다, 먹다, (시간 등을) 보내다'라는 의미로 쓰일 때는 일반동사이다. 하지만 위 문장에서 'have'는 현재완료시제를 만드는 조동사로 쓰였다. 조동사로 쓰일 때 'have'는 별도의 해석이 필요 없는 시제를 만드는 기능어이다. 또한 'be동사 + 과거분사'는 수동태이지만, 'have + 과거분사'는 능동태인 점에 주의하자.

"나는 아직 그것을 결정하지 못했어."라는 문장에서 동사 'decide(결정하다)'의 주체는 'I'이므로 수동태로 쓸 필요가 없다.

위 문장 'have decided'는 현재완료시제로서 부정문(have not decided)에서 'yet'과 함께 쓰일 때는 '아직 ~하지 못했어'라고 해석한다. 아래 예문의 'have'는 모두 현재완료시제를 만드는 조동사이다.

O 이것도 알아두세요!

현재완료는 현재까지 경험한 일이나 계속되는 일, 이미 완료된 일, 또는 막 완료된 일이나 끝난 일의 결과가 현재에 영향을 미칠 경우에 사용하는 시제이다.

O I have never been to America. (경험) 나는 미국에 가본 적이 없어.

O I have read a lot of books since I was a kid. (계속) 나는 어렸을 때부터 많은 책을 읽었어.

O I have already had dinner. (완료) 나는 이미 저녁을 먹었어.

My husband tells me that every day

○ 필수 오답노트

X Every day my husband is telling me that.

O **My husband tells me that every day.**

남편은 나에게 매일 그것을 말해준다.

현재시제의 사용

우리는 현재시제를 다음과 같은 상황에서 쓴다.
① 반복적인 행동
② 시간표와 같이 반복되며 고정된 일정이나 짜여진 일
③ 현재에 연속적으로 일어나는 일
④ 안내문이나 일반적인 사실
위의 문장은 '① 반복적인 행동'을 나타내기 때문에 현재시제를 쓰는 것이 옳다. 현재진행형이나 과거형 동사를 쓰는 것은 오류다.

○ 이것도 알아두세요!

O I eat vegetables every day. 나는 채소를 매일 먹는다.
O She always goes to school. 그녀는 항상 학교에 간다.
O He never misses the game every Saturday. 그는 토요일마다 그 경기를 절대 놓치지 않는다.
O The store opens at 9:00 in the morning. 그 상점은 오전 9시에 문을 연다.

I recommend that you take a long vacation

오답률
73.3
%

● 필수 오답노트

X I recommend that you will take a long vacation.

O **I recommend that you take a long vacation.**

나는 당신이 장기휴가를 보내기를 권합니다.

당위적인 내용의 문장 만들기

위 문장은 요구, 명령, 주장을 나타내는 동사인 'suggest, insist, demand, require, recommend, order' 다음에 목적어로 that S + V절이 나왔다. 이때 that절의 내용이 당위적인 내용인 경우 'that S + (should) + V(동사원형)'의 형식을 써야 한다. 다음의 예를 참고하자.

O The man suggested that we go. 그 남자는 우리가 갈 것을 제안했다.
O She insisted that I not go. 그녀는 내가 가지 말아야 한다고 주장했다.
　 부정문에서는 'not'을 동사 앞에 쓴다.

● 이것도 알아두세요!

O The professor recommended that I continue with my education for 3 more years. 그 교수는 내가 3년 더 교육을 계속할 것을 권고했다.
O Doctors recommend having small, frequent meals. (recommend doing: 권고하다)
O I strongly recommend this book to you.
　 (strongly recommend 혹은 highly recommend: 강력히 추천하다.)

I will go camping

O 필수 오답노트

X My friends and I will camping tomorrow night.

O My friends and I will go camping tomorrow night.

나와 친구들은 내일 밤 캠핑하러 갈 거야.

동사 'go'의 활용

'go + 동사-ing'는 '~하러 가다'는 의미이다. 주로 여가활동에 대한 의미를 전달할 때 쓰인다. 다음의 예를 참고하자.

O go biking
O go bowling
O go swimming
O go dancing
O go drinking
O go fishing
O go hiking
O go horseback riding

O go ice skating
O go jogging
O go rollerblading
O go sailing
O go shopping
O go skating
O go window shopping

If I am in London, I will contact you

○ 필수 오답노트

X   If I will be in London, I will contact to you.

O   **If I am in London, I will contact you.**

내가 런던에 있으면, 너에게 연락할 거야.

미래시제의 사용

때와 조건을 나타내는 부사절에서는 현재시제로 미래를 대신한다. 즉, 전체 문장이 미래시제라 하더라도 종속접속사가 들어간 종속절에서 미래시제를 쓰지 않는다는 것에 유의한다.

① 때: when, while, before, after, until, as soon as 등
② 조건: if, unless, providing, provided 등

따라서 다음과 같이 문장을 구성한다.

구분	조건	결과
	단순현재시제	will + 동사원형
If	it rains	I will stay in my bed.

O If it rains, I will stay in my bed.
O I will stay in my bed if it rains.

위의 두 문장의 의미는 같다. 단, 'if' 절이 앞에 오는 경우 쉼표를 쓴다. 또한 현재시제로 미래시제를 대신하기 때문에 'if' 절에 'will'을 쓰지 않는다.

○ Please feel free to contact us if you need any further information.

더 많은 정보를 원하시면, 연락주시기 바랍니다.

영어를 맛있게 즐기는 법

My comfort food

comfort food는 '기분을 좋게 해주는, 위안이 되는 음식'을 말한다. 이 음식을 먹으면 기분이 좋아지고, 마음의 위로가 되는 음식이다. 또한 추억의 맛을 떠올릴 때도 쓸 수 있는 표현이다. 한인 타운에 찾아가 떡볶이를 사 먹는 유학생들은 아마도 comfort food를 찾는 마음일 것이다. 외국에 나가서 한국의 맛이 그리울 때 한식을 먹으며 "I love it. This is my comfort food."라고 말해보면 어떨까?

Try going there

O 필수 오답노트

X It is a beautiful scenery. Where is it?
I want to try to go there.

O It is a beautiful scenery.
Where is it? I want to try
going there.

멋진 경치야. 여기가 어디일까? 가보고 싶다.

- -

to부정사와 동명사

try 다음에 목적어로 'to + 동사원형' 또는 '동사-ing' 모두 쓸 수 있지만, 두 형태의 의미
차이가 있으므로 반드시 문맥 속에서 자연스러운 표현을 찾아 써야 한다. try 외에 stop,
remember, forget, regret 등의 단어도 마찬가지이다. 사전을 참고하여 각 단어의 의미를 찾
아보자.
주로 위 동사들과 함께 'to부정사'를 쓸 경우 미래적인 의미를 가진다. '동사-ing(동명사)'를 목
적으로 취할 경우 보통 과거에 대한 것을 의미한다.

try to 동사원형 ~하려고 시도하다/ 노력하다	I tried to keep my eyes open during the class. 나는 수업시간에 눈을 뜨고 있으려고 노력했다.
try ~ing ~을 시험삼아 해보다	The printer is not working. What should I do? 이 프린터는 작동을 안 하네. 어떻게 해야 하지? **Try pressing the blue button or restart it.** 파란 버튼 눌러보거나 다시 작동시켜.

○ I stopped smoking. 담배를 그만 피웠다.

○ I stopped to smoke. 담배를 피우기 위해 멈추었다.

○ I remember seeing her at the office. 나는 그녀를 사무실에서 봤던 것을 기억하고 있다.

○ I remember to see her at the office. 나는 그녀를 사무실에서 보는 것을 기억하고 있다.

○ I forgot sending her an email. 나는 그녀에게 이메일 보냈던 일을 잊었다.

○ I forgot to send her an email. 나는 그녀에게 이메일 보내야 하는 것을 잊었다.

○ I regret telling you about that. 나는 너에게 그것에 대해 말한 일을 후회한다.

○ I regret to inform you that we cannot offer you the position.
　　당신에게 그 직위를 제공할 수 없다는 사실을 알리게 되어 유감스럽다.

Get married

○ 필수 오답노트

X My cousin is going to marry next week.

O My cousin is getting married next week.

내 사촌이 다음 주에 결혼해.

동사 'marry'의 활용

'○○○와 결혼한다'라고 말할 때, 'marry'는 타동사이므로 'marry with'라고 말하지 않는다. marry 다음에 바로 결혼 대상자를 쓰던가, 대상자가 나오지 않으면 수동태로 쓰는 것이 자연스럽다. 또 위의 예문에서 결혼식이 다음 주에 있다는 것은 이미 일정이 잡혀 있는 가까운 미래의 예정된 일이므로, 'be ~ing'의 시제를 쓰는 것이 올바른 표현이다.

"나는 조지클루니와 결혼하고 싶어."라는 문장을 만든다고 가정해보자.

I want to marry George Clooney.

타동사 'marry' 뒤에 목적어 George Clooney라는 결혼 대상자가 나오면 옳은 문장이 된다. 그러나 목적어 없이 동사 'marry'를 홀로 쓰는 것은 이상하다. 'marry' 뒤에 목적어가 없는 경우, 수동태 형태로 문장을 바꾸면 되는데, 'get married'와 'be married'의 형태가 있다. 형태는 수동태이지만 해석은 능동태처럼 '결혼하다'로 해석한다.

get married는 결혼식(wedding)이 일어나는 사건에 이야기의 초점이 있다면, be married라는 표현은 혼인 상태(기혼이냐 미혼이냐)를 의미한다. 그리고 결혼한 대상자를 말하고 싶을 때는 'be married to'를 쓴다.

○ 이것도 알아두세요!

영어로 '결혼하다'를 다시 한 번 정리하면 다음과 같다.

O I'm getting married next week.
　　미리 계획한 가까운 미래의 일정 – 결혼하는 일
O Is your coworker married or single? She's married.
　　결혼한 상태
O Jane is married to her boss. (X She's married with her boss.)
　　제인은 상사와 결혼했다.

How about eating?

O 필수 오답노트

X How about we eat at that cafe?

O **How about eating at that cafe?**

그 카페에서 식사하는 건 어때?

권유나 제안을 할 때

다른 사람에게 어떤 일을 제안하거나 상대방의 의견을 물어볼 때 사용할 수 있는 표현들이
다. 상대방에게 '~하는 게 어때?'라는 제안을 할 때, 'How about~?'을 자주 사용한다. 이때
'about'은 전치사이므로 바로 뒤에는 동명사 형태가 와야 한다.

O How about going to the park?
O How about dining in that restaurant?
O How about meeting you at 8 tonight?

또한 'How about' 뒤에는 '주어 + 동사' 형태를 쓰지 않는다. '주어 + 동사' 형태를 쓰려면
'Why don't you + 동사원형?'(~하는 것이 어때?)의 형태나 'Why don't we + 동사원형'(우
리 ~할까?)의 형태로 표현하자.

X How about we eat at that new restaurant?
O How about eating at that new restaurant?
O Why don't you rest at home?
O Why don't we dine in that restaurant?
O Why don't we meet at 8 tonight?
X Why don't I meet you at 8 tonight?
(단, 'Why don't I'의 형태는 쓰지 않는다.)

My high school friend sent me an invitation

● 필수 오답노트

X My high school friend invitation me to our reunion.

O **My high school friend sent me an invitation to our reunion.**

고등학교 친구가 나에게 동창회 초대장을 보냈어.

동사 'invite'의 활용

동사 'Invite'는 목적어와 함께 쓰여 '~를 초대하다'는 의미를 가진다. 위의 오류 문장은 'invite'의 명사형 'invitation'을 동사처럼 잘못 활용한 경우로, 오류 문장을 사용하는 학습자가 상당히 많다. 동사 'invite'를 쓰거나 'send an invitation'의 형태로 활용하자.

동사 'invite'를 써서 다음과 같은 문장도 만들 수 있다. 'invite A to B'는 'A를 B에 초대하다'라는 뜻이고 여기서 목적어 'A'가 'B에 초대를 받았다'라는 수동태문장을 만들면, 'A be invited to B'의 구조가 된다.

O You're invited to our class reunion.

● 이것도 알아두세요!

O The invitation to the wedding was sent out yesterday.
그 결혼식의 초대장이 어제 발송되었다.

O Have you received the invitation to the party? 너는 그 파티 초대장 받았니?

O He invited his friends to his birthday party. 친구들을 생일파티에 초대했다.

O She didn't invite me to join the trip. 그녀는 나를 그 여행에 함께하자고 초청하지 않았다.

I can't relate to Valentine's Day

오답률
88.7
%

○ 필수 오답노트

X I can't relation Valentine.

O **I can't relate to Valentine's Day.**

나는 밸런타인데이에 공감할 수 없다.

동사 'relate'의 활용

'relate to'는 '~와 관계가 있다'라는 뜻 이외에도 '~에 공감하다'라는 의미가 있다. 'relate'는 동사이고 전치사 'to' 다음에 명사가 오는 것이 바른 형태이다. 그러나 'relation'은 둘이나 그 이상의 개념, 사물, 사람들이 연결되는 방식으로 어떤 하나가 다른 것에 미치는 '영향 또는 관련성'을 의미하는 명사이기 때문에 조동사 바로 뒤에는 쓸 수 없다.

또한 'can'과 같은 조동사를 사용할 때 'can' 다음에는 동사원형이 필요하다. 이 부분도 학습자가 자주 틀리는 부분이니 주의하자.

○ 이것도 알아두세요!

O I can relate to you feeling embarrassed because of that.

그 일 때문에 네가 당혹스럽게 느끼는 것이 이해가 가.

020

She did not do very well

오답률
84.3
%

O 필수 오답노트

X She did not very well.

O She did not do very well.

그녀는 아주 잘하지는 못했다.

동사 'do'의 쓰임

일반동사를 활용한 부정문이나 의문문을 만들 때 'do'를 활용하며, 이러한 'do'를 조동사라고 부른다. 'do'가 일반동사로 쓰일 때는 '~하다'라는 의미를 갖지만, 조동사로 쓰일 때는 기능어로서 '~하다'라고 해석하지 않는다. 다음 문장을 살펴보자.

O I do the same thing every day.
　'do'가 일반동사로 사용되었다.
O I don't do the same thing.
　앞의 'do'는 부정문을 만들기 위한 조동사이다. 뒤에 나오는 'do'는 일반동사이다.

O 이것도 알아두세요!

O I do yoga every day. 나는 요가를 매일 한다.
O I don't do yoga every day. 나는 요가를 매일 하지 않는다.
X I don't yoga every day.

I go swimming

오답률
83.3
%

○ 필수 오답노트

X I go to swimming with friends on weekends.

O **I go swimming with my friends on weekends.**

주말마다 친구들과 수영하러 간다.

운동이나 취미를 표현할 때

'수영장에 가다' 혹은 '수영하러 가다'라고 말할 때 흔히 사용하는 잘못된 표현이 "I go to swimming."이다. '~하러 가다'라는 표현을 할 때 'go to'를 바로 떠올리기 때문이다.

'운동이나 활동을 하러 가다'라는 표현을 할 때 'go + 활동-ing'를 활용해보자. 많은 학습자들이 자주 틀리는 표현이니 주의하자.

'수영하러 가고 싶다'라는 말은 영어로 "I want to go swimming." 또는 "I want to go for a swim."이라고 말하는 연습을 해보자.

○ 이것도 알아두세요!

O go swimming   O go sightseeing
O go fishing   O go hiking
O go clubbing   O go jogging

I enjoy meeting friends

오답률
83.3
%

○ 필수 오답노트

X I enjoy meet friends.

O **I enjoy meeting friends.**

난 친구 만나는 것을 즐긴다.

동사 'enjoy'의 활용

'enjoy'는 '~를 즐기다'라는 의미로, enjoy의 목적어로는 명사, 대명사, 동명사를 쓸 수 있다. 그러나 to부정사는 enjoy의 목적어 자리에 올 수 없다.

O I enjoyed the movie. (enjoy+명사)
O I really enjoyed it. (enjoy+대명사)
O I enjoy watching movies. (enjoy+동명사)

동사 'like, love, prefer, hate'는 다음과 같이 명사와 함께 쓴다.

O I like chips, but he prefers pasta.

이 동사들은 활동이나 취미, 관심거리에 대해 이야기할 때 동사와 함께 쓰기도 한다. 또한 'to go, to play, to write'와 같이 to부정사를 목적어로 취할 수 있고, 'going, playing, writing' 과 같은 동명사를 목적어로 취할 수도 있다. 두 경우의 의미 차이는 없다.

O They prefer to stay at home. 그들은 집에 있는 것을 더 좋아한다.
O They prefer staying at home. 그들은 집에 있는 것을 더 좋아한다.

일반적으로 '반복적, 보편적으로 하는 것을 즐기고 좋아한다'라는 의미를 표현할 때 to부정사와 동명사의 쓰임에 의미 차이가 없지만, 간혹 'I like to do'와 'I like doing'이 다른 의미를 가질 때가 있다.

O We like swimming.
   '수영을 즐기다'는 의미로, 'enjoy'의 의미가 담겨 있다.

O We like to read.
   해야 할일로 생각은 하지만 그것이 반드시 즐기는(enjoy) 것을 의미하지 않는다.

Doing exercise makes me feel better

오답률

83.3 %

O **필수 오답노트**

X Do exercise make me feel better.

O **Doing exercise makes me feel better.**

운동을 하면 기분이 좋아진다.

동명사의 활용

동사 'do'에 '~ing'가 붙은 'doing'은 '~하기, ~하는 것'이라는 의미로 해석되며, 'do'라는 동사의 의미를 가지면서 품사는 명사가 된다. 이러한 것을 '동명사'로 정의한다. 동명사는 명사의 기능을 하므로 주어, 목적어, 보어로 쓰일 수 있다.

주어 자리에는 동사원형의 형태가 올 수 없으므로, 동명사 형태로 바꾸어 주어 자리에 올 수 있다. 다음 문장에서 주어는 'Doing exercise'다.

O Doing exercise makes me feel better.

동명사의 품사는 명사이지만 동사의 기능을 가지고 있으므로 목적어와 함께 쓰일 수 있다. 즉 'doing' 뒤에 목적어 'exercise'를 쓸 수 있다. 이렇게 '운동을 하다'라는 뜻의 'do exercise'에서 '운동을 하는 것'이라는 'Doing exercise'로 바꾸어 문장의 주어로 활용한다.

동명사의 또 다른 특징은, 동명사가 주어 자리로 올 때 항상 단수 취급을 하는 것이다.

O **이것도 알아두세요!**

O Watching baseball makes people happy. 야구 관람은 사람들을 행복하게 해준다.

O Collecting stamps is my hobby. 우표 수집은 나의 취미이다.

I am not a child

오답률
83.5
%

○ 필수 오답노트

X I am not a children.

O **I am not a child.**

나는 아이가 아니다.

- -

부정관사의 활용

부정관사 'a/an'은 셀 수 있는 명사가 하나일 때 그 단어 앞에 쓴다. 모음 'a,e,i,o,u' 앞에는
'an'을 쓴다. 이때, 관사 뒤에 나오는 단어의 스펠링에 따라서가 아니라 발음에 따라서 'an'을
쓰는 점에 주의해야 한다.

○ I saw a dog in the park. 나는 공원에서 개 한 마리를 보았다.

○ She wants an apple for her breakfast. (**X** a apple)

　　그녀는 아침 식사로 사과 한 개를 먹고 싶어 한다.

○ There is a university near my house. (**X** an university) 우리 집 근처에 대학교가 있다.

○ We have an hour left before the exam. (**X** a hour) 시험 보기 전에 한 시간이 남았다.

○ 이것도 알아두세요!

셀 수 있는 명사가 하나일 때는 부정관사(a/an)를 붙이지만, 복수형에는 '-s/-es'를 붙인다.
단, 일부 명사는 -s/-es를 붙이지 않는 불규칙형태의 복수형을 취한다.
예) a person → people

X There are a lot of person in the theater.
O There are a lot of people in the theater.
'a person(한 사람)'의 복수형은 'people(사람들)'이다. 일반적으로 '사람들'을 의미할 때
'persons'를 쓰지 않는다.

I always count my change

○ 필수 오답노트

X I always count my changes before I leave the counter when I pay.

O **I always count my change before I leave the counter when I pay.**

나는 돈을 낼 때 카운터를 떠나기 전에 잔돈을 항상 세어본다.

명사의 활용

영어에서 셀 수 있는 명사와 셀 수 없는 명사를 구분하는 것은 영어에 익숙하지 않은 학습자에게 매우 어렵다. 'rice'는 셀 수 없는 명사다. 또한 '돈'은 그 숫자를 셀 수 있지만 'money'는 셀 수 없는 명사이며 복수 형태로 만들 수 없다. 학습자에게 더욱 혼란을 주는 문제는 많은 명사들이 '때로는 셀 수 있는 명사이고 때로는 셀 수 없는 명사'라는 것이다. 'time(일반적인 의미의 시간)'과 'change(잔돈)'가 대표적인 예다.

O I don't spend much time on homework. 나는 숙제에 많은 시간을 쓰지 않는다.
O I have been to Chicago five times. 나는 시카고에 다섯 번(횟수) 갔었다.

위 문장에서 '일반적인 시간'을 의미하는 'time'은 셀 수 없는 명사이다. 그러나 '여러 번'이라는 횟수를 나타내는 'times'는 셀 수 있는 명사로 사용되었다.

O There are many changes in my life. 내 인생에 많은 변화들이 있다.

　'변화'를 의미하는 'change'는 셀 수 있는 명사.

O I need change for a dollar. 나는 1달러 잔돈이 필요하다.

　'잔돈'을 뜻하는 'change'는 셀 수 없는 명사.

I want to go to America

○ 필수 오답노트

X I am studying English because I want to go to American.

O I am studying English because I want to go to America.

나는 미국에 가고 싶어서 영어를 공부 중이다.

명사와 형용사의 혼동

특정 국가를 뜻하는 단어의 명사 형태와 형용사 형태를 혼동해서 발생하는 오류이다. 'America'는 미국을 뜻하는 국가명이며, 'American'은 '미국의~' 의미를 가진 형용사이다. 다음 문장은 '중국'을 뜻하는 국가명 'China'가 올바르다. 많은 학습자가 흔히 반복하는 실수이므로 주의하자.

X I have been to America, Chinese and Europe.
O I have been to America, China and Europe.

○ 이것도 알아두세요!

X I am also learning Japan language.
O I am also learning Japanese. 나는 일본어도 배우고 있다.

A native English speaker

◯ 필수 오답노트

X He is Singapore people but almost native speaker.

O He is Singaporean but speaks almost like a native English speaker.

그는 싱가폴 사람이지만 영어를 거의 원어민처럼 말한다.

형용사 형태 만들기

국가명에 '-n/-ese/-ish'가 붙어 형용사를 만들 수 있다. 이 형용사는 복수형 동사와 함께 쓰여 '그 나라 사람들'을 지칭한다. 또한 많은 경우 '그 나라에서 쓰는 언어'를 지칭하기도 한다.

O I live in Japan.

O He likes Japanese food.

O She is from Japan.

O She is Japanese.

O She speaks Japanese.

O Spanish people often drink wine.

O The Chinese enjoy fireworks.

O Chinese people enjoy fireworks

◯ 이것도 알아두세요!

X He is nearly like a brother to me.

O He is almost like a brother to me. 그는 나에게 거의 형제와 같다.

'almost'는 '거의 ~같은'의 뜻이다.

We had fun

○ 필수 오답노트

X My friends and I went out. It is so funny.

O **My friends and I went out. We had fun.**

나는 친구들과 외출했다. 재미있었다.

형용사의 의미 차이

명사 'fun'은 '재미'나 '즐거움'을 뜻한다. 또한 형용사로 쓰는데, 'enjoyable'과 같이 '즐거운'의 뜻으로도 쓴다. 형용사 'funny'는 '웃긴(humorous)'이라는 뜻을 가진다.

따라서 다음 두 문장처럼 사용한다. 첫 번째 문장은 형용사 '재미있다'의 의미이다. 두 번째 문장은 '웃기다'의 의미이다. 두 문장의 의미가 다르기 때문에 'fun'과 'funny'를 구분해서 사용해야 한다. 혼동하기 쉬운 표현이니 주의하자.

O We had a lot of fun. 우리는 재미있게 놀았다.
O The comedian is very funny. 그 코미디언은 매우 재미있다/웃기다.

○ 이것도 알아두세요!

O The movie was hilarious. 그 영화는 진짜 웃겼어요.
O I almost died laughing. 나는 웃겨서 죽을 뻔 했어.

029 ▶ This music is very relaxing

○ 필수 오답노트

X This music is very relax.

O **This music is very relaxing.**

이 음악은 매우 편안하다.

현재분사의 활용

자동사 'relax'는 '휴식을 취하다. 마음의 긴장이나 근육의 긴장 등을 풀다'의 뜻을 가지고 있다.
또한 타동사로도 쓰는데 '(법, 규칙 등을) 완화하다. (관심, 집중 따위를) 늦추다'는 뜻이다.

X This music is very relax.

위 문장은 be동사 'is'와 자동사 'relax'를 동시에 사용한 틀린 문장이다. 'relaxing'과
'relaxed'는 모두 감정형용사로서 주어가 주로 사물일 때 '(어떤 상태가) ~되는'이면 과거분
사를, 주어가 주로 사람일 때 '~한 상태가 되게 만드는' 경우에는 현재분사를 쓴다.
위의 this music은 무생물 주어로서 '편안하게 만드는' 것이므로 'relaxing'을 써야 옳다.

O When I want to relax, I listen to music. 나는 쉬고 싶을 때, 음악을 듣는다.

O I sometimes listen to some relaxing music. 나는 가끔 편안한 음악을 듣곤 한다.

O This music makes me relaxed. 이 음악이 나를 편안하게 해준다

O It makes me feel refreshed. 기분이 상쾌하다.

X It makes me feel refreshing.

O 이것도 알아두세요!

O Taking care of young children is very tiring. (tiring: 피곤하게 하는, tired: 피곤한)
어린 아이들을 돌보는 것은 매우 피곤한 일이다.

O I have a boring teacher. (boring: 지루하게 만드는, bored: 지루한, 지루함을 느끼는)
우리 선생님은 지루한 사람이다.

Chapter
03

문장 구조와 어순의
오답노트

○
×
○
×

My mother enjoys watching TV

오답률 **88.5** %

○ **필수 오답노트**

X My mother enjoys watching TV, play cards, and dance.

O My mother enjoys watching TV, playing cards, and dancing.

나의 어머니는 TV 시청과 카드 게임, 춤추는 것을 즐기신다.

병렬구조의 문장 만들기

병렬구조는 'and, but, or' 등과 같은 등위접속사로 대등하게 나열된 문장이다. 이때 동사 뒤에 다른 동사들을 나열할 때, 같은 형태의 동사를 써야 한다. 즉 '동사＋to부정사 and to부정사' 의 형태, 또는 '동사＋동명사 and 동명사'의 형태이다.

예문에서 동사 'enjoy'는 'TV 보는 것, 카드 게임하는 것, 그리고 춤을 추는 것'을 목적으로 한다. 따라서 목적어로 '~ing' 형태의 동명사를 쓰는 것이 옳다. 동명사 'playing'과 'dancing' 을 사용한다.

'~를 즐기다'라는 뜻의 동사 'enjoy' 다음에는 명사, 대명사 그리고 동명사를 목적어로 쓸 수 있다. to부정사는 나오지 않으므로 주의한다.

○ **이것도 알아두세요!**

O Last weekend, I went to the library, studied Math, and met my friends.

지난 주말, 나는 도서관에 갔고, 수학을 공부했고, 친구들을 만났다.

'last weekend'라고 했으므로 과거시제이다. 동사의 시제에 주의하자.

My uncle is a restaurant owner

오답률
86.3
%

O 필수 오답노트

X My uncle is owner of restaurant.

O My uncle is the owner of a restaurant.

O My uncle is a restaurant owner.

나의 삼촌은 레스토랑의 운영주이다.

잘못된 생략

문법을 잘못 이해하였을 때 오류가 발생하기도 하지만, 단순히 단어를 생략해서 잘못된 문장을 만드는 경우도 흔하다. 잘못된 예문은 관사 'a'를 생략했기 때문이다.

문장을 만들 때 관사, 동사, 명사, 전치사 등이 빠져 있지 않은지 살펴보는 것이 매우 중요하다. 단순하지만 많은 학습자에게서 발생하는 오류이므로 주의하자.

O My uncle is a shabu shabu restaurant owner.
O My uncle owns a shabu shabu restaurant.

O 이것도 알아두세요!

X My uncle a shabu shabu restaurant. 동사 'owns'가 생략되어 오류.
X My uncle is of a shabu shabu restaurant. 주격보어 'the owner'가 생략되어 오류.
X My uncle is a shabu shabu restaurant. 전치사 'at'이 생략되어 오류.

I did not get your call yesterday

O 필수 오답노트

X I am sorry I not get your call yesterday.

O **I am sorry I did not get your call yesterday.**

어제 당신한테 걸려온 전화 못 받아서 미안해요.

부정문 만들기

부정문을 만들 때 조동사 'do'를 사용해야 하는데, 간혹 생략하는 오류를 범한다. 예문에서는 과거 행동에 대한 부정문을 만들기 위해 조동사 'did'를 사용한다.

부정문의 구조는 '주어 + 조동사 do (과거는 did) + not + 본동사'이다. 과거시제는 과거의 어느 시점에 끝난 행동에 대해 말할 때 사용한다. 얼마나 그 일이 지속되었는지는 중요하지 않다. 행동이 일어난 시간은 최근의 과거이거나 먼 과거이다.

O 이것도 알아두세요!

O Hana did not have dinner last night.

하나는 지난 밤 저녁식사를 하지 않았다.

O Hana had dinner last night. (**X** Hana had not dinner last night.)

하나는 지난 밤 저녁식사를 했다.

Almost all people

오답률
93.7
%

○ **필수 오답노트**

X Almost people died because they were trapped in the capsized ship.

O **Almost all people died because they were trapped in the capsized ship.**

거의 모든 사람들이 전복된 배에 갇혀 죽었다.

'almost'의 활용

많은 학습자가 'almost'와 'almost all'을 혼동해 사용하는 실수를 범한다. 뒤에 형용사, 명사, 동사 등이 올 수 있으며, 각각 문법적인 형태가 다르다. 다음과 같이 사용한다.

O almost finished (almost + 형용사) 거의 끝마친
O almost all students (almost + 명사) 거의 모든 학생들.
O I almost hit the car. (almost + 동사) 나는 거의 차를 칠 뻔했다.

○ **이것도 알아두세요!**

X Almost vehicles have four wheels.
O Most vehicles have four wheels. 대부분의 차량이 바퀴가 4개이다.
　'almost'는 '거의'라는 뜻이고, '대부분의'를 뜻하는 'most'와 혼동하는 경우가 많으니 주의하자.

I had my hair cut yesterday

오답률
84.3
%

○ 필수 오답노트

X　I cut my hair yesterday.

O　**I had my hair cut yesterday.**

나는 어제 머리를 잘랐다.

- -

사역동사의 활용

위의 틀린 예문 "I cut my hair yesterday."는 '내 스스로 나의 머리를 자르는 것'이라는 잘못된 뜻으로 사용된 문장이다. 옳은 문장 "I had my hair cut yesterday."에서 'had'는 사역동사이다. 사역동사(make, have, let, get 등)는 '다른 사람을 시켜서 어떤 일을 하게 한다'는 의미를 가지고 있다. 따라서 '다른 사람을 시켜 머리를 자르게 하는 것'을 의미하는 문장이 바람직하다.

have와 get이 사역의 의미를 가질 때, 차이점은 다음 구조에서 찾아볼 수 있다.

have + someone + 동사원형 / get + someone + to 동사원형

O　I had my students turn off their cell phones.
O　I got my students to turn off their cell phones.

사역동사는 'have + something + 과거분사' 또는 'get + something + 과거분사'의 형태로, 'have'나 'get' 뒤의 목적어 자리에 사람이 아닌 사물이 나오기도 한다. 구어체에서는 'get'을 흔히 더 사용한다.

O　My dad wants to have his car repaired.
O　My dad wants to get his car repaired.

I sometimes eat steak

○ 필수 오답노트

X I eat sometimes steak.

O **I sometimes eat steak.**

나는 가끔 스테이크를 먹는다.

빈도부사의 위치

어떤 행동이나 사건의 발생 빈도를 나타내는 부사 'sometimes'는 단순현재시제와 함께 사용한다. 이와 같은 빈도부사는 'always, usually, sometime, often, never' 등이 있다. 빈도부사는 특별히 정해진 어순에 맞게 써야 하는데, 단순현재시제와 함께 쓰일 때 빈도부사의 위치는 '조동사나 be동사 뒤' 그리고 '일반동사 앞'이다.

○ 이것도 알아두세요!

빈도부사의 위치에 대해 알아보자!

O I sometimes eat steak. (일반동사 앞)

O I am always tired. (be동사 뒤)

O I will never tell lies. (조동사 뒤)

I am here in the internet cafe

오답률 **93.3** %

○ 필수 오답노트

Where are you?
X Here is PC room.

O **I am here in the internet cafe.**

나는 여기 인터넷 카페에 와 있어.

'here'의 활용

문장의 맨 앞에 'here'나 'there'를 사용할 때, 주어와 동사의 위치가 뒤바뀐다. "Sally가 여기에 있어."라는 문장을 만들 때 다음과 같이 사용한다.

O Here is Sally.
O Here comes Sally.
O Here's the CD I said I'd lend you. 내가 네게 빌려준다고 말했던 CD 여기 있어.
O Here comes your taxi, so we'd better say good-bye now.
   네가 탈 택시 저기 온다. 이제 작별인사 해야 될 것 같아.

Where are you?
X Here is office.
O I am here in the office.

	가까이 있을 때	멀리 있을 때
Where is the soap?	Here it is. Here is the soap.	There it is. There is the saop.
Where are the tomatoes?	Here they are. Here are the tomatoes.	There they are. There are the tomatoes.

영어를 맛있게 즐기는 법

a potluck party

많은 사람들이 모여 즐길 때 맛있는 음식이 빠질 수 없다. 하지만 여러 사람들을 위해 집주인이 혼자 음식을 준비하는 일은 정말 힘들다. 게다가 모임이 끝나고 남은 음식과 식기를 정리하기는 더욱 끔찍한 일이다.

이럴 때 좋은 방법이 있다. 주최한 사람과 초대된 사람 각자 다 같이 먹을 수 있는 한두 가지 음식을 가져오면 어떨까? 이를 potluck party라고 하는데, 주최자와 초대된 사람들 모두가 부담 없이 모임을 즐길 수 있다는 장점이 있다. 대형 마트에서 음식을 사오는 경우도 있고, 집에서 직접 만든 음식을 준비하기도 한다. 종종 같은 음식을 가져오는 것을 막기 위해 사전에 각자 준비할 음식 리스트를 만들어 공유하기도 한다. 이렇게 준비된 음식을 함께 먹으면 마치 뷔페에 온 것 같은 즐거움을 느낄 수 있다.

모임이 끝나면 각자 가져온 음식을 다시 포장해서 가져가므로, 주최한 사람은 모임 장소를 정리하는 데 한결 수월하니 일석이조다. 친구들과 함께 이런 모임을 즐겨보는 것은 어떨까? "Let's have a potluck party!"

They are talking about their lives

○ 필수 오답노트

X They talking about their lives.

O **They are talking about their lives.**

그들은 자신들의 인생에 대해 이야기하고 있다.

현재진행형시제 만들기

현재진행시제는 'be동사 + 동사-ing(현재분사)'의 구조이다. 다음과 같이 세 가지 경우로 주로 사용한다.

1) 현재 '말하는 시점에서 진행 중인 일'을 나타낼 때 사용한다.

O Ben is studying for his exams now. 벤은 지금 시험공부 중이야.

2) '요즘 진행 중인 일'을 말할 때도 쓸 수 있다. 최근의 시점을 뜻하는 'these days'나 'today' 혹은 'this week', 'this year' 등과 함께 사용한다.

O I'm staying with my friend these days. 나는 요즘 친구랑 함께 지낸다.

3) 예정되어 있는 미래를 말할 때 사용한다. 예약이나 약속 등 이미 사전에 짜놓은 일정, 계획을 말할 때 쓰며, 이때 'will'을 함께 사용하지 않는다. 미래 시간을 뜻하는 'tonight', 'tomorrow morning' 등과 함께 쓴다. 주로 'come, go, leave, arrive' 등과 어울려 사용한다.

O We are going to Hawaii next week. 우리는 다음 주에 하와이에 갈 예정이야.

X At the moment I work with an American English teacher.

O At the moment I am working with an American English teacher.

지금 나는 미국인 영어선생님과 함께 일하고 있는 중이다.

038

Did you watch the movie Transformers?

○ 필수 오답노트

X You watch Transformers movie?

O Did you watch the movie Transformers?

트랜스포머라는 영화 봤나요?

의문문과 부정문 만들기

의문문은 질문에 대한 대답을 요구하는 문장이다. 의문문의 기본 문형은 '조동사/be동사 + 주어 + 본동사'이다. be동사를 활용하는 의문문은 다음과 같다.

O Are they playing football?
O Am I late?

조동사를 활용하는 의문문은 다음과 같다.

O Do you like candy?
O Did she go to school?

부정문을 만들 때에는 조동사와 본동사 사이에 'not'을 넣어 사용한다. 단순현재시제의 부정문은 '주어 + 조동사 do + not + 본동사'의 구조이다.

O The house doesn't look good.

O The dog doesn't like the cat.

O They don't eat vegetables.

O Michael doesn't belong to the club. 미셸은 그 동호회 소속이 아니다.

O 이것도 알아두세요!

O Did you enjoy the movie? 그 영화는 재미있었어?

O It was the most enjoyable movie I've seen in the theater.
내가 영화관에서 본 영화 가운데 가장 재미있는 영화였다.

039

Would you like a glass of wine?

O 필수 오답노트

X Do you like a glass of wine?

O **Would you like a glass of wine?**

와인 한잔 드실래요?

부탁하는 내용의 문장 만들기

다른 사람에게 무엇을 부탁하거나 요청할 때, 또는 당신이 할 수 있는 일이 무엇인가 물어볼 때, 공손하게 말하는 것이 중요하다. 다른 사람을 위해 무엇을 하려고 제안할 경우, 다음과 같이 표현할 수 있다.

O Can I help you?

O Shall I open the window for you?

O Would you like something to drink?

또한 'Do you like ∼?'와 'Would you like ∼?'는 다른 표현이니 주의하자. 'Do you like ∼?'는 '∼하는 것이 좋나요?'라는 질문이다.
'Would you like ○○○?'는 '○○○을 원하세요?' 혹은 '○○○을 드릴까요?'이고 'would you like to 동사∼?'는 '∼ 하기를 원하세요?'이다.

O Would you like some more coffee?

　　(→ **Do you want some more coffee?**) 커피 좀 더 드실래요?

O Would you like to drink some more coffee?

　　(→ **Do you want to drink some more coffee?**) 커피를 좀 더 마시기 원하세요?

X Do you like some more coffee?

O Do you like coffee? 커피를 좋아하세요? ← 호불호를 묻는 질문이다.

영어를 맛있게 즐기는 법

Grap 'n' Go

주문한 음식을 그대로 집어 가져가는 것을 Grab 'n' Go라고 한다. 미국 등에서 생활하다 보면 이와 같은 표현이 낯설지 않다. 일정이 바쁘기 때문에 식당에서 여유를 즐기며 식사할 수 없을 때, 식사를 거르지 않고 빠르게 챙길 수 있는 식사 옵션이다. 물론 늦잠 때문에 바빠 Grab 'n' Go를 선택하는 경우도 많다. 간단한 머핀, 햄버거, 우유, 주스나 샌드위치 등을 고른 후 이동하면서도 먹을 수 있으니 현대인들에게 정말 필요한 서비스다. 바쁜 여행 중에 한 번쯤 들러 이용해보자.

Give me money, if you have any

O 필수 오답노트

X Give me money, if you have.

O **Give me money, if you have any.**

돈 좀 있으면 주세요.

- -

'any'의 활용

일반적으로 'any'는 부정문과 의문문에서 주로 사용한다.

O I didn't get any nice presents for Christmas this year.
나는 올해 크리스마스에는 좋은 선물을 전혀 받지 못했다.

O Have you seen any good films recently? 최근에 좋은 영화 본 것 있나요?

긍정문에서 사용하는 경우는 다음과 같다.
말하는 사람이 특정한 숫자나 정확한 양을 명시할 필요가 없거나 그렇게 할 수 없는 경우 'any'를 긍정문에서 쓰기도 한다. 즉 '어떤 것이든지 상관없음'의 상황일 때 any를 사용한다.

O You can come and ask for my help any time. 너는 언제든지 와서 내 도움을 구할 수 있다.

또한 가정을 나타내는 'if' 절에서 any를 쓸 수 있다.

O Send me a message if you have any questions.
혹시 질문이 있으면, 나에게 메시지를 보내라.

O If you need any help, please let me know.
혹시 도움이 필요하면, 나에게 알려줘.

O 이것도 알아두세요!

Which book shall I read?

O Any book will do if interesting.
재미만 있다면 아무거나 읽어도 좋아.(그건 너에게 달려 있어.)

I am in a good mood

O **필수 오답노트**

X   I feel good mood.

O   **I feel good. I am in a good mood.**

기분이 좋아요.

기분의 표현

많은 학습자가 마음속 심정이나 기분을 표현하는 것에 애를 먹는다. 영어로 "나는 기분이 좋아."라고 말을 하고 싶지만 선뜻 문장이 생각나지 않는 경우가 종종 있다. 이는 '기분'이라는 뜻의 단어를 'mood'로 연상하기 때문이며, 'mood'로 어떻게 문장을 시작해야 하는지 고민한다. 'mood'는 우리가 느끼는 방식을 의미하므로 'feel'과 함께 중복해서 말할 필요는 없다. 예문처럼 다른 문장에 각각 사용해보자.

O You seem to be in a good mood today.
O You look like you're in a good mood today.

또한 "I feel good." 문장은 '주어 + 동사 + 보어'의 구성이다. 보어는 주어의 상태를 설명하거나, 주어가 어떤 것인지 정체성을 정의한다. 보어의 자리에는 형용사나 명사가 올 수 있다.

O   She is a teacher.
   (a teacher – 명사보어)

O Patterson's in a bad mood today. 패터슨은 오늘 기분이 좋지 않다.

　(be in a bad mood 기분이 좋지 않다)

O Sophie's been on edge all day. 소피는 하루 종일 신경이 곤두서 있다.

　(be on edge 신경이 곤두서 있다, 초조해하고 불안해하다)

How much do you weigh?

◯ 필수 오답노트

X   How heavy are you?

O   **How much do you weigh?**

당신은 체중이 얼마예요?

정중한 표현

상대방의 몸무게를 물어보는 것은 매우 실례되는 행동이다. 이럴 때일수록 정중하게 질문하는 스킬이 필요하다. "몸무게가 몇이냐"고 물어보는 질문에서 'heavy'라는 단어를 사용하면 상대방의 기분을 불쾌하게 만들 수 있다. 'How heavy ~'라는 표현으로 체중을 물어보지 말고, "나는 당신의 몸무게가 얼마인지 전혀 모르겠다"는 느낌을 가진 'how much~?' 문장을 사용하는 것이 좋겠다.

언어를 배우다 보면 그 나라의 문화와 가치관까지도 배울 수 있다. 우리나라 사람들은 상대방의 나이나 몸무게나 신장에 대해 서슴없이 물어보곤 한다. 특별히 누군가를 알아가는 단계에서 호기심 가득한 눈으로 이러한 질문을 자연스럽게 하는데, 상대방의 외모에 대해 직접적인 언급을 피하는 서양 문화와 많이 다르다.

지나치게 사적인 질문을 자주 하는 사람에게는 'nosy'라는 표현을 쓴다. 'nosy'는 '캐묻고 참견하기 좋아하는'이라는 뜻을 가진 단어이며 한마디로 '오지랖이 넓은 사람'을 일컫는다.

◯ 이것도 알아두세요!

O I don't mean to be nosy. No offense! 꼬치꼬치 물어보려고 한 것은 아니야. 기분 나빠하지 마!
O You are too nosy about my plans. 너는 내 계획에 지나치게 간섭해.

No, I haven't done it

오답률
78.3
%

○ 필수 오답노트

You haven't done this exercise yet, have you?

X Yes, I haven't done it.

O **No, I haven't done it.**

아뇨, 아직 안 했어요.

부가의문문에 대한 대답

부가의문문은 평서문 문장에 '동사 + 주어' 형태의 꼬리표를 붙여 의문문이 되는 형태이다. 예문은 평서문 문장이 부정문이므로, 부가의문문은 긍정문 형태이다. 부가의문문은 다음 두 가지 형태로 구성한다.

1) 평서문 문장이 부정문일 때, 부가의문문은 긍정문
2) 평서문 문장이 긍정문일 때, 부가의문문은 부정문

부가의문문에 대한 대답에서 오류를 범하는 학습자가 많다. 우리말에서 "너 밥 안 먹었니?"라고 물어보면, "아니요, 먹었어요."라고 대답한다. 우리말과 같이 영어로 대답할 때도 "yes, I haven't done it."이라고 대답하면 틀린 표현이다. 옳은 표현은 "No, I haven't done it."이다.

영어는 한국어나 일본어와 달리, 부정문에 대한 동의는 'no'를 쓴다. 즉 'yes'라고 말하고 뒤에 부정문이 나오지 않는다. 익숙하지 않다면 간단히 "right."라고 대답하는 것도 방법이다.

No, go ahead

오답률
94.3
%

O 필수 오답노트

Do you mind if I use your phone?

X   Yes, go ahead.

O   **No, go ahead.**

괜찮아요. 쓰세요.

긍정적인 대답의 형태

동사 'mind'는 '~을 꺼리다'의 부정적인 뜻을 가진 동사이다. 그러므로 상대방에게 "Do you mind~?"라고 묻는 다면, "~하는 것을 꺼리나요?" 혹은 "~하는 것이 싫은가요?"라는 질문이 된다.

이런 질문을 받았을 때 생각 없이 "yes"라고 대답하면 "~하는 것이 싫다"라는 의미다. 상대방 은 학습자의 단호한 대답에 당황하게 될 것이다. 학습자가 '아차! 뭔가 잘못됐구나.' 하고 후회를 해봤자 이미 안타까운 상황이 연출된 이후이다.

상대방에게서 "Do you mind~?"라는 질문을 받았을 때, 전혀 개의치 않는다는 뜻으로 빠르 게 대답하고 싶다면 "No, go ahead."라고 하자.

O 이것도 알아두세요!

O Do you mind if I use your pen?

O Of course not/ No, not at all.

someone who will take over me

○ 필수 오답노트

X   I'm looking for a take-over in my work.

O   **I'm looking for someone who will take over me at work during my leave.**

나는 휴가 중에 직장에서 나를 대신할 사람을 찾고 있다.

인수인계하다

'take over'는 '인계 받다, 넘겨받다'라는 의미다. 많은 학습자들이 'take over'를 명사 형태로 사용해서 어색한 표현을 만들기도 한다. 이는 '인수인계'라는 단어의 명사형이라고 생각하여 발생하는 오류이다. "나는 인수인계할 사람을 찾고 있어."라는 의미로 "I'm looking for a take-over."라고 사용하면 틀린 표현이다. 위의 예문과 같이 'take over'를 동사로 활용해서 문장을 만들면 매끄럽게 의미를 전달할 수 있다.

○ 이것도 알아두세요!

O   My friend took over my apartment. 내 친구가 나의 아파트를 넘겨받았다.

O   The driver was tired, and another driver took over.
그 운전자가 피곤해서 다른 운전자가 이어서 운전을 했다.

O   When the manager resigns, Mr. Choi will take over his job.
책임자가 사임을 하면, Mr. Choi가 그 사람의 일을 맡게 될 것이다.

It is easy for me to find a job

○ 필수 오답노트

X I'm easy to find a job.

O **It is easy for me to find a job.**

나는 일자리 구하는 것이 쉽다.

기분을 나타내는 형용사

"나는 일자리 찾는 것이 쉽다."라고 표현할 때 절대 "I'm easy to find a job."이라고 말하지 말자. 'easy'는 '나'의 기분을 표현하는 형용사가 아니다. 따라서 이 문장은 문법적으로 틀린 문장이다. 많은 학습자가 실수하는 표현이니 주의하자. 'for'를 사용해서 옳은 문장을 만들어보자. 다음 문장은 'I + be동사 + 형용사 + to부정사'의 구조이며, 'happy'는 '나'의 기분을 표현하고 있다.

O I am happy to see you.

It is 형용사 + (for 사람) + to 동사
위와 같은 구조로 사용하는 형용사들은 'easy, difficult, impossible, dangerous, safe, expensive, cheap, nice, good, interesting, exciting' 등이 있다.

○ 이것도 알아두세요!

O It's difficult for young people to get a job these days.
요즘 젊은 사람들은 직장을 구하기가 어렵다.
O It's dangerous to go outside alone. 혼자 밖에 나가는 것은 위험하다.

He looks hungry

O 필수 오답노트

X He looks like hungry.

O He looks hungry.

그는 배고파 보여요.

- -

'look like'의 표현

동사 'look'은 형용사가 필요하다. 'seem, feel, sound' 동사도 마찬가지이다. 아래와 같은 의미로 사용할 때는 동사 뒤에 형용사를 보어로 사용해야 완전한 문장이 된다.

O look + 형용사 ~로 보이다
O seem + 형용사 ~인 것 같다
O feel + 형용사 ~하게 느껴지다
O sound + 형용사 ~하게 들리다

그러나 'look like' 뒤에는 명사, 명사구 또는 문장을 쓸 수 있다. 'seem like, feel like, sound like'도 마찬가지이다.

O He looks like a teacher. 그는 선생님처럼 보인다.
O I feel like I am flying. 나는 마치 날고 있는 것 같다.

Me, neither

○ 필수 오답노트

I don't like pizza.

X Me, too.

O **Me, neither.**

저도 그래요.

부정문에 대한 긍정 대답

'too'와 'either'의 차이점을 알아보자.

"나도 그래."라는 동의는 'too'를 사용하며, "나도 그렇지 않아."라는 동의의 표현은 'either'를 사용한다. 긍정문을 동의할 때는 'too' 혹은 'so + 조동사 + 주어'이다.

I hate pizza.

O Me too. 또는 So do I. (긍정할 때)

앞 문장이 부정문일 때 "나도 좋아하지 않아."라고 동의하려면 다음과 같이 대답한다. 부정문을 동의할 때는 'either' 혹은 'neither + 조동사 + 주어'이다.

I don't like pizza.

O Me neither. 또는 Neither do I.

○ 이것도 알아두세요!

O I have been to France before. 나는 프랑스를 전에 가본 적 있다.

So has Tom. 톰도 마찬가지다.

O They must tell the truth. 그들은 진실을 말해야 한다.

So must I. 나도 마찬가지다.

049

The week after next week

O 필수 오답노트

X I'm going on vacation next next week.

O **I'm going on vacation the week after next week.**

저는 다음다음 주 휴가 가요.

시간의 표현

'다음 주(next week)'나 '지난달(last month)'을 영어로 표현하는 것은 어렵지 않다. 하지만 '다다음 주'나 '지지난달'을 영어로 표현하는 것은 어렵다. 간혹 'next next week' 혹은 'last last month'라고 잘못 사용하는 학습자가 있는데, 대화 중이라면 의미는 통할 수도 있지만 올바른 표현은 아니다. 다음과 같이 표현해보자.

O the week after next week

O in two weeks

또한 '지지난달'이라는 뜻을 전달하려면 다음과 같이 해야 바른 표현이다.

O the month before last month

O two months ago

○ 이것도 알아두세요!

O the day after tomorrow 내일 모레
O the day before yesterday 엊그제
O every other day 이틀마다

050
I feel like eating pizza

O 필수 오답노트

X I feel eating pizza.
O I feel like eating pizza.

피자 먹고 싶어요.

'feel like'의 표현

'feel like + 동사 ~ing'는 관형적으로 사용하는 표현이며, '~하고 싶다'는 뜻이다. 자주 사용하는 표현이니 외워두면 간단하게 여러 문장을 만들 수 있다.

O I feel like eating pizza. 나는 피자를 먹고 싶다.
O I feel like going on a holiday. 나는 휴가를 가고 싶다.
O I feel like climbing the mountain. 산에 오르고 싶어요.

그러나 'feel like + 동사 ~ing'와 'feel like + 주어 + 동사'는 의미가 달라진다. 다음 예문을 참고하자.

O I ate too much chocolate. I feel like I'm going to be sick.

나 초콜릿을 너무 많이 먹었어. 토할 것 같은 느낌이 들어.

O 이것도 알아두세요!

O I'd like to eat pizza now.
O I'd like to go on a holiday now.
O I'd like to climb the mountain.
'would like to + 동사원형'은 'feel like + 동사 ~ing'과 같은 뜻이다.

051

You speak Korean really well

오답률
77.9
%

○ 필수 오답노트

X You speak Korean language really well!

O You speak Korean really well!

당신 한국말 정말 잘하시네요.

국가명과 언어의 표현

"나는 한국어를 말할 수 있다."라고 영어로 표현할 때, 학습자들이 종종 "I can speak Korean language."라고 말하는 경우가 있다. 그러나 '특정 언어'를 말할 때 'language'를 붙이지 않는 것에 주목하자. 일반적으로 국가명에 '-n/-ese/-ish'가 붙어 '그 나라에서 쓰는 언어'를 지칭한다.

O His Russian is terrible. 그의 러시아어는 엉망이다.
O You can speak Spanish? Wow! 와우! 당신 스페인어를 할 줄 아시는 군요?

그러나 'English Language'라고 쓸 수도 있는데, 다음과 같은 경우이다.

O The English Language has its roots in French and German.
영어의 뿌리는 프랑스어와 독일어이다.
O There are 26 alphabets in the English language. 영어에는 26개의 알파벳이 있다.

○ 이것도 알아두세요!

O She is fluent in Polish. 그녀는 폴란드어가 유창하다.

Are you planning to travel this summer?

○ 필수 오답노트

X Do you have a plan to travel this summer?

O **Are you planning to travel this summer?**

이번 여름에 여행을 계획하고 있습니까?

현재진행형을 이용한 미래 계획 표현

가까운 미래의 계획이나 일정에 대해 물어보는 문장이다. 'be동사 + 동사 - ing' 형식을 이용하여 질문하는 것이 좋다.

참고로 'Do you have a plan to~'는 당면한 문제를 해결하는 계획이나 방법에 대해 질문할 때 사용한다.

O Do you have a plan to rescue your company?
    당신은 회사를 구할 계획이 있습니까?

'plan'은 미래에 어떻게 할 것인지 대한 일련의 결정들을 말한다.

O a company's business plan 회사의 사업계획
O pension plan 연금플랜

'plan'을 동사로 쓰면 '~를 계획하다'이다.

O We're not planning to stay here any longer. 우리는 더 이상 여기에 머무르지 않을 계획이야.

O Our monthly business meeting wasn't planned. It was totally unexpected.

우리의 월간업무회의는 계획된 것이 아니었다. 이것은 완전히 예상 밖의 일이었다.

주말계획이나 휴가계획 (holiday plans) 같은 종류의 계획을 의미할 때는 대개 복수 형태로
쓴다.

O 이것도 알아두세요!

O Do you have any plans for your summer vacation?

여름 방학 때 무슨 계획이라도 있나요?

O Do you have any plans for this summer? 이번 여름에 무슨 계획이 있나요?

O What are your summer plans? 여름 방학 계획이 뭐예요?

Put on your clothes

O 필수 오답노트

X Hurry up and wear your clothes or we'll be late for the party.

O Hurry up and put on your clothes, otherwise we'll be late for the party.

서둘러서 옷 입어. 그렇지 않으면 우린 파티에 늦을 거야.

'wear'와 'put on'의 사용

'옷을 입다'를 영어로 표현할 때 많은 학습자들이 가장 먼저 떠올리는 단어는 'wear' 혹은 'put on'이다. 그러나 두 표현의 차이가 무엇인지 정확하게 알고 있는 사람은 별로 없다. 우선 'wear'는 '옷 따위를 입고 있거나 착용하고 있는 상태'를 묘사할 때 쓴다.

O I saw Susan yesterday. She was wearing a jacket.

나는 어제 수잔을 보았다. 그녀는 재킷을 입고 있었다.

그러나 'put on'은 '옷 따위를 입거나 걸치는 동작'을 의미한다.

O Hurry up. Put your coat on! 서둘러! 외투를 입어!
O Amanda is putting on a hat to go outside. 아만다는 외출하려고 모자를 쓰고 있다.

'(옷, 신발 등을) 벗다'라는 표현은 'take off'라고 말한다. 'take something off'는 '~를 벗기다'라는 의미이다.

O Jon took off his sneakers. 존은 운동화를 벗었다.
O The doctor will take the cast off my leg. 내일 의사가 내 다리에 있는 깁스를 떼어 낼 거야.

O 이것도 알아두세요!

'put on'을 활용한 다른 표현도 알아보자.
'put on weight'는 '살이 찌다'라는 의미이다.

O I don't want to tell my girlfriend she's put on weight.
　나는 내 여자 친구에게 살쪘다고 얘기하고 싶지 않아.
O He put on a lot of weight. 그는 체중이 많이 늘었다.

I'm not really sure

○ **필수 오답노트**

Do you know which buses go downtown from here?

X   I don't know exactly.

X   I don't know well.

O   **I'm not really sure.**

저도 확실치 않아요.

"잘 모르겠어요."의 표현

길을 가다 외국인 관광객이 "이 버스가 명동 가나요?"라고 묻는데, "잘 모르겠어요."라고 대답하려면 어떻게 말하는 것이 올바른 표현일까?

이 표현을 영어로 옮기려고 할 때, 많은 학습자들이 '잘, 정확하게'라는 부사를 덧붙여 "I don't know + well/exactly."라고 둘러대지만. 엄밀히 말하면 정답은 아니다. "I don't know."라는 문장 자체에 오류가 있는 것은 아니지만, 이 표현을 상황과 의미에 맞지 않게 남발하는 경우를 종종 볼 수 있다. 질문에 대답하는 사람의 바람직한 태도를 고려한다면, 'I don't know'는 'I have no idea'라는 식의 대답이라고 볼 수 있다.

간단히 정리하자면, '무엇인가에 대해 명확하게 알고 있지 않아서 확신이 서지 않을 때'는 다음과 같이 표현한다.

O I'm not really sure.
O I'm not quite sure.

그러나 위와 같이 짧게 대답할 경우가 아닌, 좀 더 긴 문장에서는 목적어, 즉 무엇을 모르는지 그 대상을 밝히면서 "I don't know exactly"를 다음과 같이 사용해도 좋다.

O I don't know exactly what Harry did with the money I lent him.

　　나는 Harry가 내가 빌려준 돈을 가지고 무엇을 했는지 정확히 잘 모르겠어.

O 이것도 알아두세요!

O I don't know the principal well.
O I don't know Mr. Rogers very well.
'know'와 'well' 사이에 명사나 부사를 추가하여 명확한 의미를 전달할 수도 있다.

Could you call me again

오답률
88.7
%

○ **필수 오답노트**

X Again call me please?

O **Could you call me again,
please?**

다시 전화 걸어 주시겠어요?

조동사를 활용한 공손한 표현

다른 사람에게 요청을 하거나 부탁을 할 때, 단어를 나열하는 것보다는 조동사 'could, would, will, can'을 사용하면 좀 더 공손한 표현이 된다. 일반적으로 조동사의 과거형을 사용하는 것이 더욱 공손한 표현이다. 'please'를 함께 사용하는 것도 좋다.

○ Could I please use your bathroom? 화장실을 써도 될까요?

○ Could you pass me the salt, please? 소금 좀 건네주시겠어요?

○ I'm busy right now. Could you call (me) back later?
지금 바쁜데, 나중에 다시 전화 걸어 주시겠습니까?

○ **이것도 알아두세요!**

○ If you are busy now, please let me know what time would be a good time for
a callback. 지금 바쁘시면, 다시 전화하시기 편한 시간이 언제인지 알려주세요.

I don't know where he works

오답률
89.7
%

○ 필수 오답노트

X I don't know where does he work

O **I don't know where he works.**

나는 그가 어디서 일하는지 몰라요.

간접의문문 만들기

의문문은 직접의문문과 간접의문문이 있다. 간접의문문에 대해 알아보자.
간접의문문은 의문사가 있는 문장이 다른 어떤 문장의 일부에 사용되는 것이다. 간접의문문의
어순은 '의문사 + 주어 + 동사'이다. 간접의문문은 다음과 같은 표현들로 주로 시작한다.

O Do you know~?
O Do you have any idea~?
O Can you tell me~?
O I don't know~.
O I wonder~.

간접의문문을 활용한 문장은 다음과 같다.

Where does he work?

O I don't know where he works.
X I don't know where does he work.

조동사 does는 간접의문문에서는 생략하는 것에 주의한다.

그러나 동사 'know' 이외에 생각을 나타내는 동사 'think, believe, suppose, guess'가 주절의 동사로 사용되면, 간접의문문을 이끄는 의문사를 문장의 맨 앞에 위치시킨다는 점에 주의하자.

O Who do you think the lady is?
X Do you think who the lady is?

I am afraid of blood

○ 필수 오답노트

X I afraid of blood.

O **I am afraid of blood.**

나는 피를 무서워한다.

'두렵다'의 표현

'afraid'는 '두렵다'라는 뜻의 형용사이므로 be동사와 함께 써서 표현해야 한다. "나는 ○○○이 두렵다."라고 말할 때는 'be afraid of' 형태를 외워두면 좋다. 바로 뒤에 목적어가 나오므로 전치사 'of'를 반드시 사용하자.

O I am afraid of dogs. 나는 개를 무서워한다.
O The dog is afraid of its own shadow. 그 개는 자기의 그림자를 무서워한다.

○ 이것도 알아두세요!

'be scared of' 도 '~를 두려워하다'라는 의미이다.

O I have an insect phobia. I'm too scared of insects.
　나는 곤충공포증이 있다. 곤충을 너무 무서워한다.
O Karen has an intense fear of cats.
　캐런은 고양이에 대한 극심한 공포심을 가지고 있다.

I take care of my cousin

O 필수 오답노트

X I care my cousin every day after school.

O **I take care of my cousin every day after school.**

나는 사촌동생을 매일 방과후에 돌봐준다.

'care'의 활용

'care'는 '걱정한다'라는 의미의 자동사로서, 보통 부정문, 의문문, 조건문(if)에서 사용한다.
'care' 단어를 사용할 때, 문장의 의미에 맞게 바른 형태를 골라 사용해야 한다. 다음 예를 살펴
보고 상황에 맞춰 활용하자.

take care of 돌보다 / cf. look after

O One of her responsibilities is to take care of young children.

그녀가 맡고 있는 책임 중에 하나는 어린아이들을 돌보는 것이다.

'take care of'는 문제나 요청을 '처리하다'라는 의미도 있다.

O This is a no-brainer. I'll take care of it.

cf. no-brainer (비격식) 별로 어렵지 않은 결정이나 문제

care about ~에 대해 신경 쓰다/걱정하다

O I do not care (about) what he says. 그가 뭐래도 난 상관없다.
　의문대명사를 수반하는 경우, about은 생략 가능하다.

'care for + 사람/사물'은 '~를 보살피다(스스로 돌볼 수 없는 사람을)'의 뜻이다.

O They have cared for their senile mother for 15 years.
　그들은 노망난 어머니를 15년간 모셨다.
O Caring for young children can be tiring. 어린아이들을 돌보는 것은 피곤한 일이다.

'care for + 사람'은 '돌보다'의 뜻 외에, '좋아하다'라는 뜻도 있다.

O I don't care for seafood. 나는 해산물을 좋아하지 않아.
O Don't you know how much I care for you? 내가 너를 얼마나 좋아하는지 모르겠어?

O 이것도 알아두세요!

take after ~를 닮다 (진행형으로 쓰지 않는다)

O People say I take after my father. 사람들이 나는 아버지를 닮았대.

059

I have a hard time

O 필수 오답노트

X Homework makes me feel hard.

O **I have a hard time doing my homework.**

숙제하느라 애를 먹고 있다.

'hard'의 활용

학습자가 가장 힘들어 하는 것이 바로 숙제다. 그것을 영어로 표현하는 것도 어렵다. 많은 학습자가 "숙제가 어렵다."를 영어로 "Homework makes me feel hard." 라고 잘못 표현하곤 한다. 이때 'have a hard time doing~(~하는 데 어려움을 겪다)' 형태를 이용해 자연스럽게 표현해보자.

O I had a hard time writing my paper. 나는 보고서를 쓰는 데 어려움을 겪었다.

'숙제하는 것이 어렵고, 힘들다'라는 의미로 다음과 같이 말할 수도 있다.

O My homework is too hard, and it takes way too long.
숙제가 너무 어려워서 시간이 너무 많이 걸린다.
O It is so hard for me to do my homework. 나는 숙제를 하는 것이 너무 힘들다.

위에 표현이 너무 식상하게 들리는 학습자들은 'overwhelming'이라는 단어를 한번 활용해보자. 'overwhelming'은 '압도적인'이라는 형용사인데 '심적으로 부담되고, 벅찬'의 의미로 일상

대화에서 종종 쓰이는 단어이니 알아두자.

O My professor handed me five assignments on the same day. It was totally overwhelming.

나의 교수님은 나에게 같은 날 다섯 개의 과제를 내주셨다. 정말 (벅차고) 부담스러웠다.

O **이것도 알아두세요!**

'hard'는 형용사로 '어려운(difficult), 딱딱한(not soft)'이라는 의미이고, 부사로는 '열심히'라는 뜻이다.

O This is really a hard question. 이것은 정말로 어려운 질문이다.
O I work hard, so I always feel exhausted after work.

나는 일을 열심히 한다. 그래서 퇴근 후 항상 지친다.

060

We could have taken the bus instead

O **필수 오답노트**

X   We could of taken the bus instead.

O   **We could have taken the bus instead.**

우리는 대신 버스를 탈 수도 있었어.

'could have'의 활용

'~할 수 있었을 텐데 (하지 않았다)'는 표현으로 'could have + 과거분사'를 사용한다. 예문에서 'could have taken' 부분을 대화할 때는 줄여서 'could've taken'으로 발음하기도 한다. 얼핏 들으면 'could of taken'으로 오해할 수 있다. 이는 문법에 맞지 않으니 주의한다.

O I could have gone to Oxford University but I preferred Harvard.
   나는 옥스퍼드 대학에 갈 수 있었는데 (가지 않았다) 하버드를 더 선호했었다.
O Susan could have married him but she didn't want to.
   수잔은 그와 결혼 할 수 있었지만 그것을 원하지 않았다.

위 형태는 종종 비난의 어조로 표현할 수도 있다.

O You could have called me to let me know.
   네가 나에게 알려주려고 전화할 수도 있었잖아.
O They could have helped me instead of just sitting there.
   그들이 그냥 저기에 앉아 있는 대신에 나를 도왔을 수도 있었는데.

○ 이것도 알아두세요!

○ You should have called me earlier.

네가 좀 더 일찍 전화했으면 좋았을 텐데 (하지 않아서 유감이다).

○ You must have left your umbrella in the restaurant.

너는 우산을 식당에 놓고 온 것이 틀림없다.

061

Where do you come from?

오답률
75.7
%

O 필수 오답노트

X Where are you come from?

O **Where do you come from?**

어디에서 오셨나요?

- -

의문사로 의문문 만들기

상대방의 출신을 물어볼 때, 다음의 두 가지 방식으로 질문할 수 있다.

O Where are you from?
O Where do you come from?

첫 번째 문장은 be동사 'are'를 사용하여 '의문사 + be동사 + 주어 ~?'의 의문문을 만들었다.
그렇기 때문에 조동사 'do, does, did'는 사용하지 않는다. 두 번째 문장은 일반동사 'come'
이 있기 때문에 조동사 'do'를 사용하여 의문문을 만든다.
또한 의문사를 활용하여 의문문을 만들 때 의문사 'where(place), when(time),
why(reason), who(person)'는 문장의 가장 처음에 위치하며, '의문사 + 조동사 + 주어 + 본
동사 ~?'의 형태로 구성한다.

O Where do you live? 당신은 어디에 살고 있나요?
X Where you live?
X Where are you live?
O What do you want to eat? 당신은 무엇을 먹고 싶은가요?
X what you want to eat?

I'm from + (국가명)	I'm from Canada.
I come from + (국가명)	I come from Canada.
I am + (국가명 형용사)	I am Canadian.

062

Do you have a headache?

○ 필수 오답노트

X   Are you headache?

O   **Do you have a headache?**

두통이 있나요?

조동사로 의문문 만들기

명사 'headache'는 '두통'을 의미한다.

O I usually get a headache when I don't get enough sleep.

나는 충분한 수면을 취하지 못했을 때, 주로 두통이 생긴다.

O Ben took medicine for his headache.

벤은 두통으로 약을 먹었다.

"너는 두통이 있니?"의 의문문을 만들면 '조동사 + 주어 + 본동사'의 형태이다. '두통이 있다'를 'have' 동사를 써서 의문문으로 만들 때, Do는 일반동사를 의문문 형태로 말할 때 필요한 조동사이다.

O Do You have a headache?

비슷한 구조의 의문문을 'like' 동사를 사용하여 만들어보자. 'like'는 본동사이고 'do'는 의문문을 만들기 위한 조동사이다.

O Do you like Mary? 당신은 메리를 좋아하세요?

be동사로 시작하는 의문문에서, be동사 뒤에 명사 또는 형용사가 나오면 각각 '~(정체성)이다/~한 (상태)이다.'라고 해석한다.

X Are you headache?

'headache'가 명사이지만 You = headache가 성립되지 않으므로 틀린 표현이다.

O Are you a doctor? (You = a doctor 정체성)

O Was it cold outside? (cold 상태)

O 이것도 알아두세요!

have/get a cold vs. be cold

O Do you have a cold? 감기에 걸렸니? (have a cold 감기에 걸리다)

O Are you cold? 너는 춥니?

What is the difference between cats and dogs?

O 필수 오답노트

X How difference are cats and dogs?

O **What is the difference between cats and dogs?**

개와 고양이의 차이점이 무엇이죠?

'difference' 활용하기

"A와 B는 어떻게 달라요?"라는 말을 영어로 표현해보자.

많은 학습자들이 "How difference are A and B?"라고 말하지만, 잘못된 표현이다. 영어로 표현할 때 "A와 B 사이의 차이점은 무엇이죠?"라는 의미로 만들어야 옳은 문장이 된다. "What is the difference between A and B?"의 형식으로 만들어보자. 다음과 같다.

O What is the difference between the black shoes and the yellow ones?

O 이것도 알아두세요!

A be different from B : A는 B와 다르다

O How is karate different from taekwondo? 가라테는 태권도와는 어떻게 다른가?

O Karate s very different from taekwondo as well as other martial arts.

가라테는 다른 무술뿐만 아니라 태권도와 매우 다르다.

What song is Bigbang singing?

○ 필수 오답노트

X What song Bigbang is singing?

O **What song is Bigbang singing?**

빅뱅이 무슨 노래를 부르고 있니?

의문문의 어순

우리가 정보를 얻으려고 상대방에게 질문할 때, 의문문을 사용하여 상대방에게 알고 싶은 정보를 물을 수 있다. 의문문 가운데 특히 be동사가 들어간 의문문은 다음과 같은 문장의 형태를 취한다. be동사를 주어 앞에 놓으며, 의문사 'when, how, what 등'은 be동사보다 더 앞서서 문장 맨 앞에 위치한다.

O Where is Barcelona? 바르셀로나는 어디에 있나요?
O How was she? 그녀는 어땠어?
O What are you eating? 넌 무엇을 먹고 있니?

○ 이것도 알아두세요!

do/does/did나 can/will 등의 조동사가 의문사와 함께 쓰인 경우에도 의문사는 문장 맨 처음에 온다.

O Where do you want to visit in Barcelona? 바르셀로나에서 어디를 방문하고 싶은가요?
O How can the job seekers find a better job? 그 구직자들은 어떻게 더 나은 직업을 찾을 수 있을까?
O What will you do next? 다음엔 뭘 할 거죠?

Would you like something to drink?

○ 필수 오답노트

X Do you like a drink?

O **Would you like something to drink?**

마실 거 좀 드릴까요?

권유하거나 부탁하는 문장 만들기

'Do you like~?'는 상대방이 무엇을 좋아하는지, 싫어하는지를 물어볼 때 활용한다.
상대방에게 의향을 물어보거나 권유할 때는 'Would you like ○○○?'이라고 묻는다.
또, '~는 어떠세요?, ~을 원하세요?'라는 의미이다. 'Would you like to 동사원형?'의 형태
로 말할 수도 있다.

○ Would you like to join us on Saturday? We're having a barbecue in the back
   garden.
   토요일에 우리와 함께하시겠어요? 우리는 뒤뜰에서 바베큐를 먹을 거예요.

참고로, 조동사의 과거형 'would, could'를 활용해 공손하게 요청하거나 부탁할 수 있다.
'Would you + 동사원형', 'Could you + 동사원형'의 형태이다.

○ Would you please show me your passport? 여권 좀 보여주시겠어요?

O 이것도 알아두세요!

O Would you like some more bread? 빵 좀 더 드릴까요?

O Do you want some more bread? (X Do you like~?)

I can get rid of my stress

○ 필수 오답노트

X When I talk to my co-teachers, my stress is get out.

O When I talk to my co-teachers, I can get rid of my stress.

나는 동료 선생님들과 이야기할 때, 스트레스를 해소할 수 있다.

'get'의 다양한 활용

'get rid of'는 '제거하다, 버리다'의 의미이다.

O Let's get rid of that broken chair. 저 망가진 의자를 버리자.
O How do you get rid of stress? 당신은 어떻게 스트레스를 없애시나요?

참고로 'get out'은 '나오다, 나가다, 떠나다, (차 따위에서) 내리다'는 뜻이다. 특히 버스나 기차와 같은 탈 것은 'get on, get off'를 쓰지만, 자동차나 택시와 같은 탈 것에서 내릴 때는 'get out'을 활용하므로 주의해야 한다. 예를 들어 "택시에서 내리다."라는 표현은 전치사 'of'를 붙여서 사용한다.

O We got out of the taxi at the station. 우리는 역에서 택시에서 내렸다.

O 이것도 알아두세요!

O How do you release your stress? 당신은 스트레스를 어떻게 풀어주나요?

O Let me tell you some useful tips to reduce the stress in your life.
당신의 삶에서 스트레스를 줄일 수 있는 몇 가지 유용한 비결을 알려드릴게요.

영어를 맛있게 즐기는 법

Spaghetti

이탈리안 파스타는 밀가루를 이용해 만든 국수 형태의 음식을 통칭하는 말이다. 면의 굵기와 모양도 가지각색이다. 한국에서는 이탈리안 파스타를 '스파게티'라고 부르는 경우가 많다. 스파게티는 파스타의 일종이다. 파스타를 좋아한다고 해서 그것이 항상 스파게티는 아니라는 것.

또한 스파게티를 자주 먹지 않는 사람이라면 스파게티를 먹고 난 후 느끼하다고 생각할 수 있다. 느끼하다는 영어 표현으로 "This spaghetti is too greasy."라고 말한다면 잘못된 표현이다. 스파게티는 보통 치킨이나 튀김처럼 기름에 튀긴 음식이 아니기 때문이다. 따라서 "스파게티가 너무 느끼해요."라고 말하고 싶을 때에는 형용사 rich를 활용해서 다음과 같이 말해보자. "This spaghetti is too rich."

My brother is ten years old

O 필수 오답노트

X   My brother age is ten.

O   **My brother is ten years old.**

제 형제는 10살이에요.

나이의 표현

나이를 이야기 할 때 'age'라는 단어를 써서 말하지는 않는다. "내 나이는 10살이야."를 영어로 "My age is 10."이라고 표현한다면 대단히 어색한 문장이 된다. 간단히 다음과 같이 말하는 습관을 갖도록 하자.

O I'm ten years old.
O I'm ten.

참고로 하이픈(-)을 활용해서 나이를 표현하는 방법이 있다. '세 살'을 표현할 때 'three years old'라고도 하지만 'three-year-old'라고 표현할 수도 있다. 하이픈(-)을 써서 표현하면 뒤에 나오는 명사를 수식하는 형용사가 된다. 이때 복수 형태 'years'를 쓰지 않는 것에 주의하자. 다음 문장을 살펴보자.

O The cat is three years old.
O Susan has a three-year-old cat. (X a three-years-old cat)
수잔은 세 살 된 고양이가 있다.

126

○ 이것도 알아두세요!

turn + 나이

O I turned 20. 나는 20살이 되었다.

O Today is my birthday, and I just turned 12. 오늘은 내 생일이고, 나는 12살이 되었다.

O He will be 30 next year. 그는 내년에 30살이 될 거야.

There are four people in my family

오답률

83.7 %

○ 필수 오답노트

X My family is four: my father, mother, sister and me.

O **There are four people in my family: my father, my mother, a sister and me.**

우리 가족은 아버지, 어머니, 언니 그리고 나 이렇게 네 식구이다.

'몇 명이 있나요'의 질문과 답 표현하기

인원의 구성을 묻고 답할 때, 'how many~'로 묻고, 'there is/are + 명사'로 답하는 형태를 활용한다.

'How many are there?' 혹은 'How many + 복수명사 + are there + 전치사구?'의 형태로 질문한다.

O How many people are there in your family? 당신의 식구는 몇 명인가요?

위 질문에 대한 대답으로 'There is/are + 명사' 형태를 활용하여 답한다.

○ How many players are there on a soccer team? 축구팀에 선수가 몇 명이 있나요?

○ There are 11 players on a soccer team. 축구팀 한 팀에 11명의 선수가 있습니다.

○ How many students are there in your class? 너의 반에는 몇 명의 학생이 있니?

○ There are 20 students in my class. 우리 반에는 20명의 학생이 있다.

I like ice cream very much

오답률
82.0
%

O 필수 오답노트

X   I like very much ice cream.

O   **I like ice cream very much.**

저는 아이스크림을 굉장히 좋아해요.

부사의 위치

위의 예문을 살펴보면, 가장 기본적인 문장 구성은 '주어 + 동사 + 목적어'이다.
'very much'는 '얼마나' 즉, '정도'를 설명하는 부사표현이다. 위의 틀린 예문은 부사의 위치가
잘못되었다. 일반적으로 동사와 직접목적어 사이에 부사를 넣지 않는다. 올바른 어순은 아래와
같이 표현한다.

O I like cartooning very much. 나는 만화를 그리는 것을 아주 많이 좋아한다.
O He likes her very much. 그는 그녀를 아주 많이 좋아한다.

부사는 '얼마나(양)', '어떻게(방법)', '얼마나 자주(빈도)' 말고도, 장소(where) 와 시간(when)을
말할 때도 쓰인다. 장소와 시간 등을 표현하는 부사(구)도 역시 동사와 목적어 사이에 쓰지 않도
록 주의한다.

X I watch all night TV.
O I watch TV all night.
X Tom started last Monday his new job.
O Tom started his new job last Monday.

장소와 시간을 나타내는 두 개 이상의 부사를 함께 쓸 때, 보통 장소를 시간보다 먼저 쓴다.

O We arrived at the airport at noon.

    우리는 정오에 공항에 도착했다.

X We arrived at noon at the airport.

O I saw a sparrow in the garden this morning.

    나는 오늘 아침에 정원에서 참새 한 마리를 보았다.

X I saw a sparrow this morning in the garden.

영어를 맛있게 즐기는 법

Buy one get one free

미국의 추수감사절 즈음 Black Friday 시즌에는 백화점이나 대형마트 등에서 최대 70~90퍼센트까지 할인하여 물건을 판매한다. 많은 사람들은 싸고 좋은 물건을 구입하기 위해 새벽부터 상점 앞에서 줄을 서며 기다리곤 한다. 경쟁이 과열되면 격렬한 몸싸움을 벌이는 웃지 못할 장면이 연출되기도 한다. 한국에서도 Black Friday 시즌에는 소비심리를 자극하는 판촉 활동을 하고 있지만, 90퍼센트 가까이 대폭 할인을 하는 미국에 비해 인기를 끌지 못하고 있다.

이처럼 할인 판촉을 하고 있는 쇼핑몰에 가면 'buy one get one free'라는 표현을 볼 수 있다. 이는 우리가 잘 알고 있는 '1 + 1' 판촉 행사다. 하나를 사면 하나를 더 준다는 표현이다. 정말 듣기만 해도 기분이 좋아지는 표현으로 당장 지갑을 열지 않을 수 없을 것이다!

The studio is big enough for me

O 필수 오답노트

X The studio is enough big for me.

O **The studio is big enough for me.**

그 스튜디오는 나에게 충분히 크다.

'enough'의 활용

'enough'는 특별한 어순에 주의한다. 'enough'는 형용사, 부사, 동사 뒤에, 그리고 명사 앞에 위치한다.

O Are you strong enough to carry me? (형용사 뒤)

너는 나를 끌고 갈 만큼 충분히 강하니?

O You paint well enough to be a professional! (부사 뒤)

너는 전문가가 될 수 있을 만큼 충분히 잘 그린다.

O I play the guitar, but I don't practice enough. (동사 뒤)

나는 기타를 치지만, 충분히 연습하지는 않는다.

O There aren't enough books for everybody to read. (명사 앞)

모든 사람들이 읽을 충분한 책이 없다.

O This coat isn't big enough for you. 이 코트는 너에게 (맞을 만큼) 충분히 크지 않다.

O This coat is too small for you. 이 코트는 너에게 너무 작다.

O The trousers aren't long enough to cover the ankles.

　　그 바지는 발목을 가릴 만큼 길지 않다.

O The trousers are too short to cover the ankles. 바지가 너무 짧아서 발목을 가릴 수가 없다.

Two more hours

O **필수 오답노트**

X Please allow me to wait here for more two hours.

O **Please allow me to wait here for two more hours.**

제가 여기서 두 시간 만 더 기다리게 해주세요.

명사를 꾸미는 형용사의 위치

형용사는 명사를 꾸미는 수식어이다. 형용사가 여러 개 동시에 나올 때 정해진 위치가 있으니 주의하자. 일반적으로 의견을 나타내는 형용사와 사실을 나타내는 형용사가 나란히 쓰일 때, 의견을 나타내는 형용사를 먼저 쓴다. 아래 예문에서 의견을 나타내는 형용사 'interesting'이 사실을 나타내는 형용사 'American'보다 앞에 위치하였다.

O This is an interesting American movie. 이것은 흥미로운 미국영화이다.
X This is an American interesting movie.

그렇다면 두 개 이상의 사실 형용사를 함께 쓰는 경우를 살펴보자. 대체로 다음과 같은 순서가 있으므로 순서에 맞게 사용하는 것이 자연스럽다.
① 크기 - ② 나이 - ③ 색깔 - ④ 출처 - ⑤ 재료
예를 들어, "나의 여동생이 예쁘고 큰 하얀 불독을 입양했다."라는 문장에는 여러 형용사가 '불독'이라는 명사를 수식하고 있다. 이때 다음의 순서로 표현해야 자연스러운 문장이 된다.

O My sister adopted a beautiful big white bulldog.

　나의 여동생은 멋지고 큰 흰색 불독을 입양했다.

수사관련 어순도 다음과 같다.
한정사 + 수사(서수 + 기수) + (부사) + 형용사 + 명사

O five more copies
X more five copies
O those first three difficult questions
X those three first difficult questions

I'm here in Korea

오답률
78.7
%

○ 필수 오답노트

X   I'm in here Korea.

O   **I'm here in Korea.**

저는 한국에 있어요.

'in here'의 활용

많은 학습자들이 자주 실수하는 표현 중에 "나 여기 한국에 있어."를 "I'm in here Korea."
라고 대답하는 것이 있다. 캐나다나 뉴욕과 같은 나라나 도시에 있다고 말할 때 'in Canada'
혹은 'in New York'이라고 말하는 것은 괜찮지만, 'in here'라고 말하지 않는다. 이때 그냥
'here'라고 말하면 된다. 간단히 정리하면 다음과 같다.

Where are you?

O   I'm here in Canada.
O   I'm in Canada.

○ 이것도 알아두세요!

Have you seen my pencil? 내 연필 봤어요?

O   It's in here. 여기 있어요.
상자나 가까이 위치한 물건 안에 있는 경우 위와 같이 표현한다.

Don't expect too much of me

○ **필수 오답노트**

X   Don't expect me too much.

O   Don't expect too much of me.

저게 너무 큰 기대는 하지 마세요.

동사 'expect'의 활용

"나에 대해 너무 과도한 기대는 하지 마세요."를 동사 'expect'를 활용해서 표현할 때, 'expect'가 명사를 목적어로 쓸 수 있다고 해서 다음과 같이 표현하면 어색한 문장이 된다. 위의 예문처럼 전치사 'of'를 활용해서 표현해야 자연스러운 문장이 된다.

X Don't expect me too much.

동사 'expect'는 '예상하다, 기대하다' 또는 '~할 예정이다'라는 뜻으로 사용한다. 다음과 같은 형태로 활용한다.

○ She's expecting a second baby. (expect + 목적어)
그녀는 둘째 아이를 임신 중이다.
○ We expect to move into our new flat next week. (expect + to + 동사원형)
우리는 다음 주에 새로운 아파트로 이사할 예정이다.
○ We expected that the guest house would have much better rooms.
(expect + that + 주어 + 동사)
우리는 그 게스트 하우스에 더 좋은 방이 있기를 기대한다.
○ The company expects her to be early. (expect + 목적어 + to + 동사원형)
그 회사는 그녀에게 일찍 오기를 기대한다.

Chapter 04

단어 선택의
오답노트

o
× o
× o
×

My husband slept late last night

O 필수 오답노트

X My husband slept lately last night.

O **My husband slept late last night.**

남편은 어제 밤에 늦게 잤다.

'late'와 'lately'의 활용

다음 두 단어의 의미 차이를 알아보자.

lately : not long ago, recently 최근에
late : at or until an advanced hour 늦게

형용사 'late'는 '늦은'으로 해석하고, 부사로는 '늦게'라고 해석한다. 반면 부사 'lately'는 '최근에'라는 뜻이다. 위 예문 "My husband slept late last night."에서 과거시제 동사 'slept'를 부사 'late'가 수식한다. 이 문장에서 'slept lately'를 사용하면 틀린 문장이 된다. 부사 'lately'는 동사 뒤에 위치할 수 있지만, '최근에'라는 뜻을 가지고 있기 때문에 'last night'과 호응하지 않아 해석의 오류가 발생한다. 따라서 '늦게'라는 의미의 'late'를 활용한다.

'late'는 형용사와 부사의 형태가 같아서 혼동하기 쉬운 단어다. 많은 학습자들이 혼동해서 사용하고 있으므로 주의한다.

O I usually sleep late at night and wake up late in the morning.
나는 보통 밤에 늦게 자고 아침에도 늦게 일어난다.
'sleep late'는 '늦게 자다'의 의미다. 'go to bed late' 혹은 'go to sleep late'로 바꾸어
표현할 수도 있다.

O I like to sleep late in the morning. 나는 아침에 늦게까지 자는 것을 좋아한다.

O I was late for work today because I slept in. 나는 오늘 늦잠을 자서 회사에 지각했다.
'sleep late'는 문맥에 따라 '늦잠을 자다'라는 뜻으로도 사용한다. 'sleep in'을 사용할 수
도 있다. 회화에서 자주 사용하는 표현이니 알아두자.

Although it was raining

○ 필수 오답노트

X Although it was raining, but we continued sketching.

O **Although it was raining, we continued sketching.**

비가 오고 있었지만 우리는 스케치 작업을 계속했다.

접속사의 활용

접속사는 단어, 구, 문장을 연결해주는 연결사이다. 종속접속사 'although, even though, though'는 두 개의 절이나 문장을 대조시키기 위해 사용한다. 'though'는 문어체보다는 구어체에서 더 많이 사용한다. 종속접속사가 있는 절을 종속절(Although it rained a lot)이라고 하고, 주어 동사만 있는 절을 주절(we've still enjoyed our picnic)이라고 한다. 종속절이 주절보다 앞에 위치할 때는 쉼표(,)를 사용한다.

O Although it rained a lot, we've still enjoyed our picnic.
O We've still enjoyed our picnic, although it rained a lot.
　　비록 비가 많이 왔지만 우리는 여전히 소풍을 즐겼다.

또한 'but'은 등위접속사로 '그러나, −데도 (불구하고)'라는 의미다. 등위접속사란 문법적으로 대등한 단어, 구, 절을 연결시키는 접속사이다. 위 예문에서 종속접속사 'although, even though, though'와 'but'은 모두 대조되는 생각을 연결하는 접속사라는 공통점이 있지만, 'but'은 주절의 문장과 어순이 바뀔 수 없다는 점이 다르다.

O It rained a lot, but we've still enjoyed our picnic.

X But it rained a lot, we've still enjoyed our picnic.

◯ 이것도 알아두세요!

X Although it rained a lot, but we've still enjoyed our picnic.

('although, even though, though'와 'but'을 한 문장에 동시에 쓸 수 없다.)

What is your height?

O 필수 오답노트

X What is your tall? / My tall is 165cm.

O **What is your height? / My height is 165cm.**

키가 어떻게 돼요? 제 키는 165cm입니다.

'tall'과 'height'의 활용

'tall'은 형용사이며 'height'는 'tall'에 상응하는 명사 표현이다. 예문의 질문 "What is your height?"에서 'your'는 소유격 형용사로서 뒤에 명사를 수반한다. "My height is 165cm." 라는 답에서 'my'는 소유격 형용사로 뒤에 명사가 붙는다. 많은 학습자가 'tall'과 'height'를 적절하게 사용하지 못해 잘못된 문장을 만드는 경우가 있으므로 주의한다.

"What's your height?" 대신에 "How tall are you?"라고 물어볼 수도 있다.

O 이것도 알아두세요!

O Q : What's his height? 그는 키가 어떻게 되죠?
A : He's 5 feet, 6 inches tall. 그는 키가 5피트 6인치야.

O Q : How tall is he? 그는 키가 얼마나 되죠?
A : He's 5'6". 그는 키가 5피트 6인치야.
(feet/inches를 생략하고 He's five six.라고 말할 수도 있다.)

He died

◯ 필수 오답노트

X　He was died.

O　**He died.**

그는 죽었다.

'dead'의 활용

많은 학습자들이 "할아버지는 3년 전에 돌아가셨어요."를 영어로 표현할 때 다음과 같이 잘못된 표현을 사용한다.

X My grandfather was died 3 years ago.
X My grandfather was dead 3 years ago.

영어로 '죽었다, 돌아가셨다'를 표현할 때 동사 'die'의 과거형인 'died'를 사용하거나 'pass away'의 과거형인 'passed away'를 사용해야 한다.

O My grandfather died 3 years ago.
O My grandfather passed away 3 years ago.

또한 동사 'die'와 상태를 의미하는 'be dead'의 의미 차이를 구별해야 한다. 'dead'는 형용사이며 '더 이상 살아 있는 상태가 아님'을 의미한다. 다음 예문에서 'dead'는 주격보어로 사용되었으며, 주격보어는 형용사, 명사, 대명사로서 be동사나 become동사처럼 연결동사 뒤에 쓰여 불완전한 동사를 보충해서 문장을 완성하는 역할을 한다.

O He died of cancer. 동사 'die'의 과거형.

그는 암으로 죽었다.

O He was already dead. be동사＋형용사 'dead'

그는 이미 죽은 상태였다.

O Police went to check on him, but he was dead.

경찰이 그를 확인하러 갔지만, 그는 죽었다.

O 이것도 알아두세요!

O He died young. 그는 젊은 나이에 죽었다.

I was drunk last night

오답률
91.3
%

○ 필수 오답노트

Are you drunk?

X I am sorry I could not answer your call last night. I was drunken.

O I am sorry I could not answer your call last night. I was drunk.

술 취했니? / 어제 네 전화 못 받아서 미안해. 나는 술에 취해 있었어.

'술에 취했다'의 표현

'drunken'은 '술이 취해 있는'의 뜻이다. 명사 앞에 위치해 명사를 수식하는 한정적 용법의 형용사다. 예를 들어 'a drunken office worker(술에 취한 회사원)'와 같이 명사 앞에만 사용할 수 있다. '습관적으로 지나치게 술에 취하는 것'을 뜻하기도 한다.

'drunk'는 'drunken'과 뜻은 같지만 서술적으로 쓰인다. 즉 be동사와 같은 연결 동사 뒤에서 주어의 상태를 설명하는 서술형용사이다.

X I was drunken last night.　　O I was drunk last night.

○ 이것도 알아두세요!

O I'm dying with a hangover. 나는 숙취 때문에 죽겠어.
O Are you hungover or something? 뭐 숙취라도 있는 거야?

We practiced dribbling for three hours yesterday

○ 필수 오답노트

X We practiced dribbling during three hours yesterday.

○ **We practiced dribbling for three hours yesterday.**

우리는 어제 3시간 동안 드리블 연습을 했다.

'during'과 'for'의 활용

'during'과 'for'는 '～하는 동안'이라는 뜻으로 의미는 같다. 하지만 활용하는 방법이 다르니 주의하자.

'during'은 '불특정한 기간'을 나타내는 명사 앞에 쓰는 전치사이다.

○ We harvest a lot of fruits during the spring season.

우리는 봄철에 많은 과일을 수확한다.

○ We have an hour practice during the week.

우리는 주중에 한 시간 연습을 한다.

'for'는 어떤 상황의 구체적인 기간을 말할 때 쓰이는 전치사이다.

○ Peter has been painting for 8 hours in his studio.

피터는 그의 스튜디오에서 8시간 동안 그림을 그리고 있다.

○ We talked for 40 minutes on Skype.

우리는 40분간 스카이프로 통화했다.

○ 이것도 알아두세요!

나는 Katy를 오랫동안 보지 못했다.

O I haven't seen Katy for a long time.
O I haven't seen Katy for ages.
O I haven't seen Katy in years.

영어를 맛있게 즐기는 법

It's on the house

식당에서 생일 파티나 축구 경기와 같은 이벤트가 있을 때, 식당 주인이 공짜로 음식이나 음료를 제공하면서 "이건 서비스로 드리는 것입니다."라고 할 때가 있다. 이와 같은 표현을 영어로 말할 때는 "It's on the house."라고 한다. 무료로 제공한다는 free와 같이 자주 사용하는 표현이니 당황하지 말고 꼭 기억해두자. "Don't worry. It's on the house!"

I hang out with my friends on weekends

O 필수 오답노트

X   I play with my friends on weekends.

O   I hang out with my friends on weekends.
We usually go to Sam's place and play computer games.
And then we order pizza and watch a DVD.

나는 주말마다 친구들과 어울려서 논다. 우리는 주로 샘의 집에 가서 컴퓨터게임을 한다. 그런 다음 피자를 시키고 DVD를 본다.

'hang out'의 활용

학습자들은 "친구들과 어울려 놀았다."고 말할 때 동사 'play'를 활용해서 표현하는 경우가 많은데, 이것은 어색한 표현이다. 'hang out'을 활용해 문장을 만들어야 적절한 표현이 된다. 'hang out'은 '특정 사람들과 또는 특정 지역에서 어울려 놀다, 함께 시간을 보내다'는 의미 이다.

X I played with my girlfriend last weekend. We went to an amusement park and saw a fireworks show.

O I dated my girlfriend last weekend. We went to an amusement park and saw a fireworks show.

O I hung out with my girlfriend last weekend. We went to an amusement park and saw a fireworks show.

나는 지난 주말에 여자 친구와 놀았다. 우리는 놀이공원에 가서 불꽃축제를 보았다.

O 이것도 알아두세요!

문장에서 'play'를 특정한 목적어 없이 사용하지 않도록 주의한다. 성적인 의미가 내포된 표현이기 때문이다.

I have a doctor's appointment tomorrow

⊙ 필수 오답노트

X I'd like to make a promise to see Doctor Cooper.

O I'd like to make an appointment to see Doctor Cooper.

쿠퍼 박사님 진료예약을 하고 싶은데요.

'appointment'의 활용

외국인 친구가 주말에 함께 영화를 보자고 물어보는데 친구와 선약이 있는 상태라면 어떻게 대답해야 할까? "나 약속이 있어."라는 표현을 영어로 해야 하는데, 선뜻 생각나지 않는다. 많은 학습자들이 '약속'이라는 단어 'promise'를 먼저 떠올리지만 위 상황에 맞는 적절한 표현은 아니다. 'appointment'와 'promise'의 차이를 알고 알맞게 사용하자.

'appointment'는 당신만이 관련된 활동이다. 당신은 아마도 고객을 만나거나, 치과에 방문하거나, 작업하고 있는 프로젝트를 검색할 필요가 있을 때, 달력에 시간을 비워두기 위해 일정 또는 계획을 잡아놓을 것이다. 이러한 상황에서 'appointment'를 사용한다.

X I have a promise with Mr. San this afternoon. We will talk about the business deal.

O I have an appointment with Mr. San this afternoon. We will talk about the business deal.

나는 오늘 오후에 미스터 산과 약속이 있다. 우리는 사업거래에 대해 이야기를 나눌 것이다.

'promise'는 무엇을 하거나 하지 않겠다는 선언 또는 맹세이다.

O I promise I will be there tomorrow.
   내가 내일 그곳에 있겠다고 약속하게.

O I have promised to keep your words. 주의 말씀을 지키리라.

O 이것도 알아두세요!

X I have appointment with my friends today at the coffee shop.

O I am meeting my friends today at the coffee shop.
   나는 오늘 커피숍에서 친구들을 만나기로 했어.
   'appointment'는 '(진료, 상담 따위의) 예약'의 의미로 사용한다.

O I need to make an appointment to see the doctor. 진찰을 받으러 예약을 해야 돼.

Are you married?

○ 필수 오답노트

X   Did you get married?

O   **Are you married?**

당신은 결혼하셨나요?

'marry'의 활용

처음 만난 사람에게 "결혼하셨나요?"라고 영어로 물어볼 때 적절한 문장이 바로 생각나지 않는다. 일단 동사 'marry'를 떠올리는 경우가 많은데, 많은 학습자들이 동사 'marry'를 사용하는 데 어려움을 토로한다.

우선 "나와 결혼해줄래요?"의 영어 표현 "Would you marry me?"에서 'marry'는 타동사 '~와 결혼하다'로 사용한 것이며 전치사 없이 바로 목적어를 취한다.

'marry'는 목적어가 없을 때 수동태로 쓰는데, 처음 만난 사람에게 미혼인지, 기혼인지를 물어보는 것이므로 다음과 같이 사용한다.

O   Are you married?
O   No, I'm not married yet. / No, I'm single. / Yes, I'm married. I got married last year.

"언제 결혼하셨나요?"라고 결혼식이 일어난 때를 물어볼 때는 'get married'를 사용한다.

O   When did you get married?
O   I got married 3 years ago.

○ A: How long have you been married? 당신은 결혼한 지 얼마나 됐나요?

  B: I've been married for 8 years. 저는 결혼한 지 8년 됐어요.

Could you turn on the lights please?

O **필수 오답노트**

X Open the lights, please?

O **Could you turn on the lights, please?**

> 불 좀 켜주시겠어요?

'turn'의 활용

전등을 '켜다'와 '끄다'를 영어로 표현할 때 동사 'open/close'을 쓰는 대신 동사 'turn on/turn off'를 사용한다는 점을 알아두자. 또한 라디오나 TV와 같은 기계 장치뿐만 아니라 수도 꼭지를 틀고 잠글 때도 활용할 수 있다는 점도 기억하자.

O Turn on the sprinklers.
O Don't turn on the faucet.
X Could you open the air conditioner, please? (쉼표 삽입)
O Could you turn off the air conditioner, please? (쉼표 삽입)

O **이것도 알아두세요!**

라디오나 TV의 볼륨을 높이고 낮추는 것은 'turn up/turn down'을 활용한다.

O Can you turn down the radio? It's too loud.
> 라디오 소리 좀 줄여주시겠어요? 너무 시끄러워요.

O Can you turn up the radio? It's not loud enough.
> 라디오 소리 좀 올려주시겠어요? 소리가 충분히 크지가 않아요.

My job is difficult

오답률
88.7
%

O 필수 오답노트

X I am difficult my job.

O **My job is difficult.**

제 일은 어려워요.

주어의 선택 문제

자신이 가진 직업이 어렵다는 표현을 할 때, 형용사 'difficult'를 활용하는 예문이다. 예문은 '주어 + be동사 + 형용사 + to부정사'의 문장 구조를 활용했다. 이와 같은 문장 구조로 다음과 같이 만들 수 있다.

O I am happy to receive your call. 나는 당신의 전화를 받게 되어서 기뻐요.

그러나 다음 문장은 문법적으로 올바른 표현 같지만 'easy'와 'impossible'은 '나'라는 주어를 묘사하는 말이 아니므로 굉장히 어색하게 들린다.

X I'm easy to find a job.
X I'm impossible to study.

따라서 주어를 'my job'으로 바꾸어 표현한다. 또한 다음과 같이 'to부정사'의 동사와 주절의 동사가 같지 않을 때 의미상 주어를 사용할 수 있다. 동사 'have'를 활용하여 표현할 수도 있다.

O It is easy for me to find a job.
O It is impossible for me to study.

O Catherine is very easy to talk to.

캐서린은 대화하기 매우 쉽다.

O Mr. Brown is so pleasant to work with.

브라운씨는 함께 일하기 유쾌한 분이다.

영어를 맛있게 즐기는 법

He is a good driver

운전을 잘하는 사람을 영어로 "○○ is a best driver."라고 표현하지는 않는다. 운전을 잘 한다는 영어 표현은 "○○ is a good driver." 혹은 "○○ drives well."이라고 표현하는 것이 좋다. 또한 운전을 난폭하게 한다는 표현은 "○○ gets too wild behind the wheel."이다. 'get behind the wheel'은 '운전하다'라는 관용적인 표현이니 익혀두면 좋겠다.

My dad is a better cook than my mom

오답률
77.9
%

O 필수 오답노트

X My dad is a better cook then my mom.

O **My dad is a better cook than my mom.**

우리 아버지가 어머니보다 요리를 더 잘하신다.

'then'과 'than'의 혼동

'than' 과 'then'은 동음이의어이다. 두 단어가 비슷해서 학습자들이 활용할 때 종종 혼동하는 경우가 많다. 각각의 뜻은 전혀 다르므로 주의하자.

then	than
(부사) 그 다음에	(전치사, 접속사) ~보다 (비교급 '~er' 혹은 'more'와 함께 사용)

O We'll practice the TOEIC Reading first, then TOEIC listening.

우리는 토익 리딩을 먼저 연습하고, 그 다음에 토익 리스닝을 연습할 것이다.

O Taking TOEIC listening test is more difficult than TOEIC reading test.

토익 리스닝 테스트가 토익 리딩 테스트보다 더 어렵다.

Do you have a sore throat?

오답률

84.7 %

○ 필수 오답노트

X Your voice is husky. Do you have a neck ache?

O **Your voice is husky. Do you have a sore throat?**

너 목소리가 쉬었네. 목감기 걸렸니?

'목감기'의 표현

'sore throat'는 감기나 다른 바이러스로 인한 감염으로 주로 일어나는 '인후통'을 말한다. 특정 증상에 대해 사용하는 표현이므로, (목감기로 인해서) '목이 아프다'는 표현으로 'neck ache'를 사용하지 않도록 한다. 참고로 'stiff'는 '뻣뻣한'이란 뜻의 형용사이다. 'stiff neck'은 목 근육의 통증을 일컫는다.

'husky'는 '목소리가 쉰'으로 매력적으로 걸걸하고 거친 듯한 소리를 의미하는 형용사이다.

'hoarse' 도 쉰 목소리를 의미한다.

O My voice is hoarse from a cold. 감기 때문에 목소리가 쉬었어요.

○ 이것도 알아두세요!

O My nose is raw from blowing too much. 코를 너무 많이 불어서 헐었다.

My apartment rent is very expensive

○ **필수 오답노트**

X My apartment rental fee is very expensive.

O **My apartment rent is very expensive.**

우리 아파트 집세가 매우 비싸다.

'집세'의 표현

'집세' 혹은 '임대료'를 영어로 표현해보자. 많은 학습자들이 'rental fee'라는 표현을 떠올린다. 명사 'rent'는 아파트 집세나 임대료를 의미하며, 단어에 '요금'을 의미하는 'fee'의 의미가 포함된 단어다. 따라서 'rent' 단어로 충분하다.

X rental fee

O pay low rent 낮은 집세를 내다

O I live in an expensive apartment. The rent is too high.
나는 비싼 아파트에 살아요. 집세가 너무 비싸요.

○ **이것도 알아두세요!**

X fare fee

X price fee
('rent'와 마찬가지로 'fare'와 'price' 역시 'fee'의 의미를 내포하고 있다.)

I am sorry I can't hear you

○ 필수 오답노트

X We'll have a hearing test in English tomorrow.

X I am sorry I can't listen you. The music is too loud.

O **We'll have a listening test in English tomorrow.**

O **I am sorry I can't hear you. The music is too loud.**

우리는 내일 영어 듣기 평가를 할 거야.
죄송합니다. 말소리가 안 들리네요. 음악소리가 너무 커요.

동사 'hear'와 'listen'

동사 'hear'와 'listen'의 차이와 쓰임을 알아보자. 동사 'hear'는 '소리가 들린다'는 의미로 소리를 듣는 주체의 행동은 소극적이다. 아무 생각 없이 들리는 것을 표현할 때 사용한다.

O When I leave my home every morning, I hear my neighbors fighting.
매일 아침 집을 나설 때, 이웃사람들이 싸우는 소리가 들린다.

반면 'listen'은 소리를 듣는 주체의 행동이 매우 적극적이다. 'hear'와 달리 주체가 무엇을 하는지 생각하며 하는 행위이다. 'listen to'의 형태로 사용한다.

O I really listen to my children when they tell me about their day.
　나는 우리 애들이 하루 일을 나에게 말해줄 때 정말로 잘 들어준다.

O 이것도 알아두세요!

O You have an ear for music. 음악에 조예가 깊으시군요.
O You have an eye for detail/fashion. 당신은 세부적인 것/패션에 대해 안목이 있으시군요.

I met her while I was on a business trip

O 필수 오답노트

X I met her during I was on a business trip to Jeju Island.

O **I met her while I was on a business trip to Jeju Island.**

나는 제주도 출장 중에 그녀를 만났다.

시간과 기간의 표현

접속사 'while'은 '주어 + 동사'의 문장에서 사용한다. 반면 전치사 'during'은 명사나 명사구 뒤에 함께 사용한다.

O My mom cleaned my room while I was in the academy.
내가 학원에 있는 동안 엄마는 내 방을 청소했다.
O My mom cleans my room during winter season.
엄마는 겨울에 내 방을 청소하신다.

불특정한 기간을 의미하는 'during'과 달리 전치사 'for'는 구체적인 기간 또는 'a long time'과 함께 사용한다.

O I fell asleep during the class. 나는 수업 도중에 잠들었어.
O Don't talk during the meal. 식사하는 동안에는 말하지 마라.
O I slept for 10 hours. 나는 10시간 잤다.
O I have studied English for a long time. 나는 영어를 오랫동안 공부해왔다.

My friend lent me some money

O 필수 오답노트

X My friend borrowed me some money so I could pay my rent.

O My friend lent me some money so that I could pay my rent.

친구가 나에게 돈을 빌려줘서 집세를 낼 수 있었다.

동사 'lend'와 'borrow'의 활용

동사 'lend'는 빌려주는 행동이고 동사 'borrow'는 빌리는 행동이다. 만약 '학습자가 책을 다른 사람에게 빌려준다(lend)'고 하면, 다른 사람은 '학습자에게서 책을 빌리는(borrow)' 것이다. lent는 lend의 과거형이다.

lend를 쓸 때는 다음과 같은 구조로 말할 수 있다. 'lend + 사람 + 사물'

O Grace lends her friends money every week.
그레이스는 매주 그녀의 친구들에게 돈을 빌려준다.

O Grace lent her friends money last week.
그레이스는 지난 주 그녀의 친구들에게 돈을 빌려주었다.

또, 사물을 먼저 써서 다음과 같이 말할 수도 있다. 'lend + 사물 + to 사람'

O Grace lent money to her friends last week.

아래 예문은 은행에서 돈을 빌리는 행동을 표현하기 때문에 'lend'를 활용하면 틀린 문장이 된다.

X I lend money from a bank.
O I borrow money from a bank. (borrow A from B: A를 B로부터 빌리다.)

O 이것도 알아두세요!

은행에서 '돈을 빌리다'라는 뜻으로 'get a loan from~'라는 표현을 쓸 수 있다.

O Steve got a loan from the bank to pay off credit card debt.
    스티브는 신용카드 빚을 갚기 위해 은행으로부터 대출을 받았다.

My neighbor is kind

O **필수 오답노트**

X   My neighborhood is kind. He always smiles.

O   **My neighbor is kind. He always smiles.**

내 이웃은 친절하다. 그분은 항상 웃는다.

명사 'neighbor'와 'neighborhood'의 차이

명사 'neighbor'는 '이웃 사람'의 의미이며, 'neighborhood'는 이웃 동네, 즉 지역을 의미한다. 많은 학습자들이 두 단어를 혼동해서 사용한다. 의미가 다르므로 문장에서 적절하게 활용하도록 한다.

O   The area near Kyungbuk Apartment is a nice neighborhood. My neighbor is an old lady named Sarah Smith.

경북아파트 근처에 있는 이 지역은 좋은 동네이다. 나의 이웃은 Sarah Smith라는 이름을 가진 할머니입니다.

The number of people

O 필수 오답노트

X The amount of people visiting Mount Jiri is increasing.

O **The number of people visiting Mount Jiri is increasing.**

지리산을 방문하는 사람들의 수가 증가하고 있다.

'the number of'의 활용

'amount'는 '양'을 의미하므로 셀 수 없는 명사와 함께 활용한다. 'number'는 '수'를 의미하므로 셀 수 있는 명사와 함께 쓴다. 셀 수 있는 명사 'people'은 양을 의미하는 'the amount of' 와 어울리지 않는다.

'the number of'와 'a number of'는 다른 표현이다. 'The number of'는 '~의 수'라는 뜻 이다. 또한 'the number of + 명사'는 단수명사로 취급한다. 그러나 'a number of + 명사'는 복수명사로 취급하며 '많은(many)'의 의미를 가지고 있다.

O A number of people visit Mount Jiri. 많은 사람들이 지리산을 방문한다.

O The number of moviegoers has hit a record low last year.

작년에 관객 수가 사상 최저치를 기록했다. (hit a record low: 최저치를 기록하다)

It is hard to breathe

O 필수 오답노트

X It's hard to breath.

O It is hard to breathe.

호흡하기가 힘들어요.

동사 'breathe'의 활용

동사 'breathe'와 명사 'breath'의 혼동에서 발생하는 오류이다. 많은 학습자들이 자주 틀리는 오류이니 반드시 기억하자. 동사 'breathe'는 '(폐로 공기를) 들이마시고 내뱉다, (규칙적인 호흡 과정으로서) 숨을 쉬다'라는 의미를 가지고 있다. 명사 'breath'는 '(폐를 통해) 들어오고 나가는 공기, 숨'을 의미한다.

O Take a deep breath when you feel nervous. 긴장될 때는 깊은 심호흡을 하라.

O 이것도 알아두세요!

O Pay attention on your breathing. Inhale deeply and then exhale slowly.

호흡에 집중하세요. 깊게 숨을 들이마시고 나서 서서히 숨을 내쉬어라.

It's a tiring weekend

○ 필수 오답노트

X It's a tired weekend.

O It's a tiring weekend.

피곤한 주말이야.

형용사 'tired'의 활용

간단한 문장이지만 많은 학습자들이 오류를 범한다.

"피곤한 주말이야."를 영어로 표현할 때 'tired'와 'tiring' 둘 중 어떤 것을 활용해야 할지 모른다면, 두 표현의 차이를 구분하지 못하고 있는 것이다. 옳은 표현을 알아보자.

예문에서 형용사 'tired'의 '-ed' 형태는 '당신이 어떻게 느끼는지'를 표현할 때 사용한다. 반면 형용사 'tiring'의 '-ing' 형태는 '무엇인가가 당신을 그렇게 느끼도록 한다'는 의미이다. 따라서 주어에 따라 형태를 구분해서 사용해야 한다. 다음 예문을 살펴보자.

O This is a boring movie; I feel bored. 이것은 지루한 영화이다. 나는 지루하다.

O What an exciting game! I am excited! 신나는 게임이구나! 신난다!

O This show is interesting; I'm interested in it. 이 쇼는 흥미롭다. 나는 이것에 관심이 있다.

또한 과거분사 '-ed' 형태와 현재분사 '-ing' 형태 모두 명사를 꾸며주는 형용사의 역할을 할 수 있다. 주로 과거분사는 수동적인 의미이며, 현재분사는 능동적인 의미이다. 다음 예문에서 'bored'는 당신이 지루하게 느끼는 상태를 표현한다. 반면 'boring'은 당신을 지루하게 하는 만드는 원인이다.

X I was boring because the lecture was long.

O I was bored because the lecture was long. 강의가 길어서 지루했다.

I am bored

O 필수 오답노트

X I am boring. There is nothing else to do at home.

O I am bored. There is nothing else to do at home.

지루해요. 집에서는 달리 할 일이 없어요.

형용사 'bored' 활용하기

동사의 '-ed' 형태는 사람(people)이 문장의 주어인 경우에, 동사의 '-ing' 형태는 사물이나 상황(situations)이 문장의 주어일 때 사용한다. "그 수업은 지루했고 학생들은 지루해졌다."는 문장을 영작하면, "The class was very boring. The students were bored."가 된다. 이 규칙을 이해한다면 'interesting'과 'interested'의 쓰임과 차이를 손쉽게 구별할 수 있다. 그러나 예외도 있다. 사람이 문장의 주어인 경우에도 동사의 '-ing' 형태를 사용하기도 한다. 예를 들어 "그 수학 선생님은 지루해."라고 표현할 때, 수학 선생님이 학생들을 지루하게 만드는 원인의 제공자라고 한다면, "boring"을 쓴다. 만약 'bored'를 사용하면 '그 선생님 자신이 지루함을 느끼는 상황'이 되어버린다. 문장의 뜻에 맞게 구별해서 사용하자.

O My math teacher is so boring. I hate going to his classes.
나의 수학선생님은 너무 지루하셔. 나는 그분의 수업에 가는 게 싫어.

O My friend Paul is a very interesting guy.
내 친구 폴은 정말 재미있는 애야.

I'll show you the dress

○ **필수 오답노트**

X I'll see you the dress I bought yesterday.

O **I'll show you the dress I bought yesterday.**

제가 어제 산 옷을 당신에게 보여줄게요.

동사 'show'의 활용

비슷한 단어의 미묘한 의미 차이를 포착하고 적절하게 쓸 수 있는 것이 원어민처럼 영어를 말할 수 있는 비결이다. 동사 'see'와 'show' 역시 그 쓰임이 다르다. 동사 'see'는 '(눈으로 인식하는 것을) 보다'의 의미다. 동사 'show'는 '전시하다, 진열하다'의 의미다. 다음 예문을 살펴보고 차이점을 익혀두기 바란다.

O She can see the sunset in the horizon. 그녀는 수평선에 있는 일몰을 볼 수 있다.
O The dog sees the treats. 그 개는 먹이를 본다.

'show'는 '~를 보여주다'는 뜻이다. 'show 사물' 'show + 사람 + 사물' 'show + 사물 + to 사람'이라고 말할 수 있다.

O He will show his stamp collection in class.
그는 수집한 우표를 수업 중에 보여줄 것이다.

O They show the homework to their teacher.

그들은 숙제를 선생님에게 보여드린다.

O Meggie showed me a picture of her family.

메기는 나에게 그녀의 가족사진을 보여주었다.

O 이것도 알아두세요!

show off ~를 자랑하다

show up (예정된 곳 따위에) 나타나다

She was looking at the menu

O 필수 오답노트

X She was watching menu.

O She was looking at the menu.

그녀는 메뉴를 보고 있었다.

동사 'look'의 활용

동사 'look'과 'watch'의 의미 차이를 알아보자. 동사 'look'은 의도하여 보는 것으로 시선을 무엇인가에 두는 의지적인 행동이 따른다.

O Look! It's snowing!
O I'm looking, but I don't see it. 나는 쳐다보고 있지만 보이지 않는다.

반면 동사 'watch'는 훨씬 더 적극적인 행위다. 'watch'는 '본다'는 뜻으로 'look'과 비슷하지만 행위 주체가 더 적극적으로 '보는' 행동을 하는 것이다. 즉 'watch'는 어떤 방식으로 움직이거나 변하는 것을 보는 것으로 '움직임과 변화를 지켜보는 것'을 뜻한다.

O I like watching motor racing on TV. 나는 자동차 경주를 TV로 보는 것을 좋아한다.
O If you watch that egg for long enough you'll see it hatch.
만약 당신이 저 달걀을 충분한 시간 동안 지켜본다면, 저 달걀이 부화하는 것을 보게 될 겁니다.

O John looked at Mary. 존은 메리를 쳐다보았다.
동사 'look' 뒤에 사람이나 사물과 같이 바라보는 대상이 나올 때 전치사 'at'을 함께 사용한다.

○ take/have a look at ~을 보다
○ take/have a glance at ~을 힐끗 보다

My wife has a new job

O 필수 오답노트

X My wife has got a new work.

O My wife has got a new job.
O My wife has a new job.

내 아내가 새 일자리를 얻었다.

명사 'work'와 'job'의 활용

명사 'work'는 동사로도 사용할 수 있다. 'work'는 우리가 일하는 회사나 장소를 의미하여 직장에 대해 말할 때 쓴다. 보통 '일'을 의미할 때, work는 셀 수 없는 명사로 간주하여 a work 라고 말하지 않는다. 간혹 명사 'work'를 'a work' 'works'라는 단/복수 형태로 본다고 해도 놀라지 말자. 이때는 '일 한 개, 일들'이라는 뜻이 아니라, '작품' 또는 '작업'을 뜻한다.

O John works for Google. 존은 구글에서 일한다.
O Mary and Jane work in New York. 메리와 제인은 뉴욕에서 일한다.
O If you go to his website, you can enjoy precious works of art.
   만약 당신이 그의 웹사이트에 간다면, 당신은 귀중한 예술 작품들을 즐길 수 있다.

반면 'Job'은 보통 명사로 활용하며, '셀 수 있는 명사'이다. '돈을 벌기 위해 일하는 일'을 의미하며 'work'보다는 한정적으로 사용한다. '일의 형태'를 의미하기도 한다.

O I like my job; I'm a teacher. 나는 내 일이 좋아. 나는 선생님이야.

O My brother has found a good job as a software engineer at Microsoft.

나의 형제는 마이크로소프트에서 소프트웨어 엔지니어로 좋은 일자리를 구했어.

O She is looking for a new job. 그녀는 새로운 일자리를 찾고 있는 중이야.

O 이것도 알아두세요!

O Jason is between jobs. Jason은 지금 실직 상태예요.

X Jason is between works.

I'm bringing her some chocolates

○ **필수 오답노트**

X I'm taking to her some chocolates. I bought them in Switzerland.

O **I'm bringing her some chocolates. I bought them in Switzerland.**

나는 그녀에게 초콜릿을 가져다 줄 것이다. 나는 그것들을 스위스에 샀다.

동사 'take'와 'bring'의 활용

학습자들이 종종 혼동하는 단어 중에 대표적인 것으로 'take'와 'bring'이 있다. 위 예문에서는 적절한 단어를 골라 사용해야 한다. 동사 'take'는 '사람이나 사물을 한 장소에서 다른 곳으로 이동시키다'의 뜻이다.

O Please take your umbrella with you when you go out. 나갈 때 우산을 가지고 가십시오.

반면 동사 'bring'은 '사람이나 사물을 한 장소에서 다른 곳으로 데리고 또는 가지고 가다. 말하는 사람의 방향으로 가지고 가다'의 뜻을 가지고 있다.

O Jack brought the bottle of wine. Jack은 와인 한 병을 가지고 왔다.

O **이것도 알아두세요!**

O My friend lent me his car.

많이 혼동하는 단어로 'borrow'와 'lend'를 앞서 살펴보았다. 해당 부분을 다시 한 번 복습하자.

영어를 맛있게 즐기는 법

Dutch pay?

각자 비용을 지불하자는 표현으로 'Dutch pay'를 사용하여 "Do you want Dutch pay?"라고 표현하면 맞을까? 그럴듯한 문장처럼 보이지만 어색한 표현이다. 외국인과 식사를 한 후 비용을 나누어 지불하고자 할 때는 'split the bill'을 활용해 "Let's split the bill."이라고 표현해보자. 또한 나눠서 지불하지 말고 당신이 모든 비용을 지불하고 싶다면, 동사 treat을 활용해 "It's my treat." 혹은 "It's on me"라고 표현하자. 식사를 대접 받았다면 이렇게 말해보자. "Dessert is on me."

The manager is talking to him because he's late again

오답률 **86.5**%

O **필수 오답노트**

X The manager is speaking to him because he's late again.

O **The manager is talking to him because he's late again.**

그가 또 늦었기 때문에 담당자가 그와 얘기 중이다.

동사 'speak'와 'talk'의 활용

동사 'speak'와 'talk'는 모두 '말하다'의 의미를 가지고 있지만 활용할 때 차이가 있다. 동사 'speak'는 '누군가가 한 무리의 사람들에게 말을 할 때' 사용한다. 또한 언어(languages)를 말할 때 사용하기도 한다. 격식을 갖추고 정중하게 표현할 때 동사 'speak'를 쓴다.

O Peter speaks both German and Italian. 피터는 독일어와 이탈리어어를 말한다.
O She spoke about her problems at work. 그녀는 회사에서 자신의 문제들에 대해 말했다.

동사 'talk'는 '제한된 숫자의 사람들이 나누는, 격식을 갖추지 않은 일상 대화 상황'에서 사용한다. 또한 대화의 주제를 소개할 때 전치사 'about'과 함께 'talk about + 대화의 주제'의 형태로 사용하며, 대화의 대상이 나올 때는 전치사 'to'와 함께 'talk to + 사람'의 형태로 사용하는 점을 알아두자.

O My wife and I talked about our child's future.

나의 아내와 나는 우리 아이의 미래에 대해 이야기를 나눴다.

O She continued talking to Jack after I left the room.

그녀는 내가 방을 나선 후 잭과 계속 이야기를 나눴다.

I will go to the doctor's office for a check up

O **필수 오답노트**

X I will go to hospital for a check with my doctor.

O **I will go to the doctor's office for a check up.**

나는 진찰을 받으러 병원에 갈 것이다.

'a doctor's office' 활용하기

영어권에서는 '종합병원(hospital)'은 많은 의사, 환자, 간호사가 있고, 응급 상황에 대한 대응이 가능하며, 큰 수술을 위해서 가는 장소를 의미한다. 그러므로 응급실에 가야 하는 긴급한 상황이 아니라면 사람들은 종합병원(hospital)에 간다고 말하지 않는다.

대신 개인 병원, 의원, 의사의 진찰실, 진료실 등을 의미하는 병원(a doctor's office)에 간다고 표현한다. 즉 'a doctor's office'는 정기검진을 받거나, 신체적 불규칙성이나 질병의 징조를 확인하고, 혈압, 맥박, 신장이나 몸무게 등을 재는 곳을 말한다. 다음의 예문을 통해 명확히 구분해보자.

O I have a headache. I will go to the doctor's office or clinic for a check up.

나는 두통이 있어. 진찰 받으러 병원에 갈 거야.

O He had a car accident, so he was sent to the hospital this morning.

그는 차 사고가 나서 오늘 아침에 병원으로 후송되었어.

O see a doctor / go (to) see a doctor / see the doctor 등도 가능한 표현들이다.

영어를 맛있게 즐기는 법

Paranoid

"My girlfriend is so paranoid about my past."라는 문장은 "내 여자 친구는 나의 과거에 대해 너무 집착해."란 뜻이다. 'be paranoid'란 표현은 '근거 없는 일에 지나치게 집착하며 걱정하는'의 의미다. 이 단어의 사전적인 의미는 '편집증세를 보이는, 강박적인'을 뜻하지만 '지나치게 걱정하거나 집착한다'는 뜻으로 회화에서 종종 사용한다. 영어 학습에 열중인 여러분이라면 다음 문장을 반드시 알아두면 좋겠다. "My parents are so paranoid about me not studying."

May I come to your party?

O 필수 오답노트

X May I go to your party?
O **May I come to your party?**

제가 당신의 파티에 가도 될까요?

동사 'come'과 'go'의 활용

동사 'come'은 '내가 이야기하고 있는 상대방을 향해서(toward), 또는 그 상대방이 향하는 방향'을 기준으로 한다.

O That man's coming toward us. Who is he?

저 남자가 우리를 향해 오고 있어. 누구지?

O "Are you ready, Alice? We'd better hurry." "I'm coming, mom."

"준비 됐니, 앨리스? 우리 서둘러야 해." "가요, 엄마."

반면 동사 'go'는 '말하는 사람이나 또는 이야기가 들려오는 사람으로부터 동작이 멀어질 때' 사용한다.

O Bill wants to come to my party.

빌은 나의 파티에 오기를 원한다.

O Bill wants to go to Susan's party, too.

빌은 수잔의 파티에도 가고 싶어 한다.

O We can't go to the party with Bill.

빌과 함께 파티에 갈 수 없어.

The man walked across the street

◐ 필수 오답노트

X The man acrossed the street in a hurry.

O **The man walked across the street in a hurry.**

그 남자는 서둘러 길을 건넜다.

'across'와 'cross'의 차이

전치사 'across'는 주어 다음에 바로 나오면 문장을 만들 수 없다. 'walk'와 같은 동사와 함께 쓰일 때 "길을 건너다"와 같은 문장이 된다. 반면 'cross'는 '건너다'라는 동작을 뜻하는 동사로 전치사 없이 사용한다. 다음 예문을 통해 구별해보자.

O The man crossed the street.
O The man walked across the street.

◐ 이것도 알아두세요!

O I came across my old diary I had lost. 나는 잃어버린 옛 일기장을 우연히 발견했다.
'come across'는 '우연히 발견하다, 마주치다'의 의미다.

What time is your flight?

O 필수 오답노트

X What time is your plane?

O What time is your flight?
O When is your flight?
O What is your flight schedule?

너 몇 시 비행기니?

명사 'flight'의 활용

"몇 시 비행기인가?"라며 비행기 출발 시간을 물어볼 때 명사 'airplane'이나 'plane'을 사용하는 경우가 있는데, 주의해야 할 점이 있다. 명사 'airplane' 혹은 'plane'은 하늘을 날아다니는 '비행기' 물체를 의미한다. 참고로 'an airline'은 'Japan Airlines'이나 'Air Canada'와 같은 항공사를 의미한다.

반면 'a flight'는 비행기 물체나 항공사를 의미하지 않는다. 바로 '비행기를 타는 사건'을 의미한다.

O There are two flights per day to Houston.
하루에 휴스턴으로 가는 항공편이 2개 있다.

O Did you have a good flight?
비행기 잘 타고 왔어?

105

Most students who graduated from that university are smart

오답률
92.3
%

○ 필수 오답노트

X Almost students who graduated from that university are smart.

O **Most students who graduated from that university are smart.**

그 대학을 졸업한 대부분의 학생들은 똑똑하다.

'most'와 'almost'의 차이

'most'는 '(50퍼센트 이상) 대부분의'라는 의미다. 'most'는 명사를 수식한다.

O Most students are smart. (most + 복수명사 + 복수동사)

　대부분의 학생들은 똑똑하다.

O Most rice comes from China. (most + 셀 수 없는 명사 + 단수동사)

　대부분의 쌀은 중국에서 온다.

'almost'는 명사를 바로 수식할 수 없으며, 뒤에 'all, no, every, always'와 함께 앞에 위치한다. 'almost all'은 '(거의 100퍼센트에 가까운) 대부분의'라는 의미다. 따라서 'almost all'이 'most'보다 '대부분'이라는 의미가 강하다.

'almost'는 특정 형용사와 동사 앞에도 사용할 수 있다. '특정 형용사'란 그 형용사의 쓰임에 논리적인 최저, 최고치가 있어야 한다는 의미이다. 다음 문장을 살펴보자. 유리잔이 거의 비어 있다는 표현은 동의할 수 있지만, David가 거의 크다는 표현은 어색하다.

O The glass is almost empty.

X David is almost tall.

O 이것도 알아두세요!

Most 와 Almost를 비교하면 다음과 같다.

O Most of the 복수 가산명사 + 복수 동사

O Most of 소유격 + N

O Most of 목적격

O Most + N (Most of + N은 틀림 e.g, Most of students (X))

O Almost all of the 복수 가산명사

O Almost all of 소유격 + N

O Almost all of 목적격

There is a Chinese grocery store

O **필수 오답노트**

X There is a small Chinese supermarket in our neighborhood.

O There is a Chinese grocery store in our neighborhood.

우리 동네에는 중국 식품점이 있다.

명사 'supermarket'의 활용

한국에서는 동네에 있는 작은 슈퍼마켓이든 대형 슈퍼마켓이든 '슈퍼마켓'이라고 표현한다. 하지만 영미권에서는 'supermarket'이란 '식품과 여러 가지 일상 생활용품을 판매하는 대규모 상점'을 의미한다. 동네의 작은 상점을 뜻하지 않는다.

예를 들어, "저는 어제 슈퍼마켓에 다녀왔어요."라는 문장을 말할 때, 다음과 같이 대형 슈퍼마켓의 이름을 바로 말하거나 'grocery store(식료품점)'로 표현하자. 'go to a mart'라고 말하는 사람도 있는데 이것 역시 잘못된 표현이다. 상점을 일컬을 때, 한국식 표현으로 '마트(mart)'라고 말하지 않는 것에 주의한다.

X I went to a mart yesterday.   O I went to K-Mart yesterday.
O I went to the grocery store yesterday.

"장보러 갔었다"라는 의미로, "I went to grocery shopping."으로 말해도 좋다.

O **이것도 알아두세요!**

O Most retail stores are open 24/7. 대부분의 소매점들은 연중무휴로 문을 연다.

My mother runs on a treadmill

○ 필수 오답노트

X My mother runs on a running machine every morning.

O **My mother runs on a treadmill every morning.**

나의 어머니는 매일 아침 러닝머신을 달리신다.

콩글리시 'health club'과 'running machine'

학습자들이 흔히 쓰는 '콩글리시' 표현이 있다. 대표적으로 "헬스장에 가서 러닝머신을 뛰었다." 라는 표현이다. '헬스장'을 'health club'으로 표현하면 대단히 어색하다. 'gym' 또는 'fitness center'라고 표현해보자.

러닝머신이라는 단어도 외국인들에게는 이상하고 낯설다. 적절한 영어 단어는 'treadmill'이다.

○ **이것도 알아두세요!**

O I hate running outside because I get bored, so I like running on the treadmill.
   나는 지루해서 밖에 나가기 싫어한다. 그래서 러닝머신에서 달리기를 좋아한다.

O Some runners find treadmill running boring and tedious.
   몇몇 달리기 선수들은 러닝머신을 지루하다고 생각한다.

I finally found my keys

오답률
88.5
%

○ **필수 오답노트**

Ready to go yet?
X Yup. I finally looked for my keys.

O **Yup. I finally found my keys.**

네. 마침내 열쇠를 찾았어요.

동사 'look for'와 'find'의 차이

물건을 잃어버렸을 경우, "○○○을 찾았니?"라고 묻고 "응, 찾았어."라고 답한다. 이와 같이 찾고 있던 물건을 찾게 된 후, 즉 '찾는 행위기 완전히 끝난' 것에 대해 이야기하려면 'look for'가 아닌 'find'를 사용해야 한다.

반면 "지금 ○○○을 찾고 있는 중이야?"라고 묻고 "찾는 중이야."라고 답한다면, 'find'가 아닌 'look for'를 써야 한다.

Mom: What are you looking for, Steve? 무엇을 찾고 있니, 스티브?
Steve: I'm looking for my cell phone. Have you seen it?
휴대폰을 찾고 있는 중이에요. 보셨어요?

동사 'find'는 '찾다'라는 의미도 있지만, 'find A (to be) B' 형태로 쓰여 'A가 B라고 깨닫다, 알게 되다'는 뜻으로 해석된다. find out은 '~에 대해 (정보를) 알게 되다' 또는 '~을 알아내다'라는 의미를 갖는다. 다음의 예문들을 통해 각각 순서대로 find의 쓰임과 의미를 살펴보자.

O I found a decent Italian restaurant near my house.
나는 집 근처에 괜찮은 이탈리아 식당을 찾았다.

O I tried the food in the restaurant and found it wonderful.

나는 식당에서 음식을 먹어 보았고 맛있었었다.

O I found out that the chef was not from Italy.

나는 그 요리사가 이탈리아 출신이 아니라는 것을 알았다

O 이것도 알아두세요!

O I have a hard time finding a new job. 새로운 직업을 찾는 데 어려움을 겪는다.

(have a hard time ~ing: ~하는 데 어려움을 겪다.)

The dog's death affected his owners

○ 필수 오답노트

X The dog's death effect his owners.

O **The dog's death affected his owners.**

그 개의 죽음은 주인에게 영향을 미쳤다.

동사 'affect'와 명사 'effect'의 구별

동사 'affect'는 '영향을 미치다'는 뜻의 타동사다. 타동사는 전치사 없이 목적어를 바로 쓸 수 있는 동사를 말한다는 것을 기억하자.

O It doesn't affect me at all. 그것은 전혀 나에게 영향을 주지 않는다.
O It's easily affected by the temperature. 그것은 온도에 의해 쉽게 영향을 받는다.

반면 'effect'는 '효과, 영향, 결과'의 뜻을 가진 명사다. 종종 학습자들이 명사 'effect'를 동사로 착각하고 동사 'affect' 대신에 사용하는 오류를 범한다. 'effect'를 동사처럼 쓰고 싶다면 'I have an effect on'과 같이 'have' 동사와 함께 사용해야 한다.

O The new speed limit law had little effect on the speed of the motorists.
새로운 속도 제한법은 운전자들의 속도에 거의 영향을 미치지 않았다.

Charlotte plays tennis badly

O 필수 오답노트

X Charlotte plays tennis very bad.

O **Charlotte plays tennis badly.**

샬롯은 테니스를 잘 못 친다.

부사와 형용사의 구분

영어의 '부사'는 동사, 형용사, 다른 부사, 문장 전체 등을 꾸며준다. 예문에서 "Charlotte이 테니스를 못 친다."라고 말할 때, 테니스를 친다는 동사 'play'를 꾸며주는 말은 부사인 'badly'가 적절하다. 형용사 'bad'는 명사를 수식한다.

O Charlotte sings badly. 샬롯은 노래를 못 부른다.
  (부사 'badly'는 동사 'sing'을 수식)
O He treats the people badly. 그는 사람들을 심하게 다룬다.
  (부사 'badly'는 동사 'treat'을 수식)
O He is a bad man. 그는 나쁜 사람이다.
  (형용사 'bad'는 명사 'man'을 수식)

종종 영어공인시험에서 부사와 형용사의 용법을 이해하고 있는지를 묻는 문제가 출시된다. 단어를 공부할 때 형용사와 부사의 형태를 구분해서 기억하도록 하자. 단어를 암기하는 것 이상으로 단어의 쓰임새를 함께 알아두는 것이 매우 중요하다.

O 이것도 알아두세요!

참고로, 부사 'badly'는 '몹시'라는 뜻도 있다.

O Dan wanted the job so badly. Dan은 그 일을 몹시 (간절히) 원했다.

부사로 혼동하기 쉬운 형용사 'lovely, friendly, daily, ugly, lonely' 등은 '-ly'로 끝나지만 부사가 아니라 형용사이므로 주의한다.

Junk food is not good for health

○ 필수 오답노트

X Junk food is not good for healthy.

O **Junk food is not good for health.**

정크 푸드는 건강에 좋지 않다.

명사와 동사의 구분

명사 'health'는 '아프지 않고 건강한 상태, 건강'을 의미한다.

○ to be in good health / shape
(keep in shape: 건강을 유지하다)
○ He is in good health. 그는 건강하다.
He's well. 또는 He's healthy. 라고 말해도 된다.
○ Regular exercise is good for your health.
규칙적인 운동은 건강에 좋다.

형용사 'healthy'는 '건강한'이란 의미를 가지고 있다. 매우 쉬운 표현이지만 많은 학습자가 영작할 때 혼동하는 부분이니 기억해두자.

○ She's a normal, healthy child.
그녀는 보통의 건강한 아이다.
○ He looks healthy enough.
그는 충분히 건강해 보인다.

'be in (good) shape'는 '몸매가 좋다'라는 의미로도 쓰인다. 반대로 몸 상태가 안 좋거나 몸매가 망가졌을 경우에는 'be in bad shape' 또는 'be out of shape'라고 말하면 된다.

○ 이것도 알아두세요!

look + 형용사

○ **look young** 젊어 보인다.

○ **look old** 나이 들어 보인다.

○ **look grumpy** 심통 난 것처럼 보인다.

I think you're beautiful

○ 필수 오답노트

X Your so beauty I think.

O **I think you're beautiful.**

당신은 아름답다고 생각해요.

명사와 형용사의 구분

명사 'beauty'는 '아름다움'이라는 뜻을 의미하는 명사일 때 추상명사로서 셀 수 없는 명사다. 하지만 'a beauty'라고 쓸 때는 보통명사로서 '미인'을 의미한다.

O The Grand Canyon's natural beauty attracts tourists from all over the world.
그랜드 캐니언의 자연의 아름다움은 전 세계의 관광객을 매혹시킨다.

O At 37, she was known as a great beauty.
37살에 그녀는 굉장한 미인으로 알려졌다.

형용사 'beautiful'은 다음과 같이 활용한다.

O a beautiful woman 아름다운 여자
O breathtakingly beautiful scenery 심장이 멎을 듯한 경치
O She was wearing a beautiful dress.
그녀는 아름다운 옷을 입고 있었다.

My mother wanted me to be a doctor

○ **필수 오답노트**

X My mother hoped me to be a doctor.

O My mother wanted me to be a doctor.

엄마는 내가 의사가 되길 원했다.

3형식과 5형식 문장 만들기

동사 'hope'는 5형식(주어 + 동사 + 목적어 + 목적보어) 형태로 사용할 수 없다. 3형식(주어 + 동사 + 목적어)만 가능하다.

O I hope to make a lot of money.

나는 돈을 많이 벌기를 희망한다.

X I hope him to make a lot of money.

O I hope that he will make a lot of money.

나는 그가 돈을 많이 벌기를 희망한다.

동사 'want'는 3형식과 5형식 모두 가능하다.

O I want to make a lot of money.

나는 돈을 많이 벌기를 희망한다.

O I want him to make a lot of money.

나는 그가 돈을 많이 벌기를 희망한다.

My mother raised her younger brother and sister

오답률
94.8
%

O 필수 오답노트

X My mother grew her younger brother and sister.

O My mother raised her younger brother and sister.

어머니는 자신의 남동생과 여동생을 키우셨다.

'grow'와 'raise'의 활용

동사 'grow'는 '(크기·수 따위가) 커지다, 늘어나다, 증가하다, (사람이나 동식물이) 성장하다'의 의미다.

O The population is growing rapidly.

인구가 급속하게 증가하고 있다.

O She's grown a lot since we last saw her.

우리가 그녀를 마지막으로 본 이후로 그녀는 많이 자랐다.

동사 'raise'는 '(아이나 어린 동물을) 키우다, 기르다'라는 의미다. 또한 'raise'는 '(무엇을 위로) 들어올리다, 일으키다, 인상하다'라는 의미로도 쓰이며, 반드시 뒤에 목적어를 수반하는 타동사이다.

O They raised a family and now want to enjoy their retirement.

그들은 가족을 부양하고 지금은 은퇴생활을 즐기기를 원한다.

O The last surviving veteran raised the flag high.

마지막으로 생존한 참전용사는 깃발을 높이 들어올렸다.

O 이것도 알아두세요!

be raised by / be brought up by: ~에 의해 양육되다, 길러지다

O My uncle was raised by his adoptive parents.

O My uncle was brought up by his adoptive parents.

내 삼촌은 양부모 밑에서 자랐다.

I do taekwondo every Saturday

오답률
87.7
%

O **필수 오답노트**

X   I play taekwondo every Saturday.

O   **I do taekwondo every Saturday.**

나는 매주 토요일마다 태권도를 한다.

'play'와 'do'의 활용

동사 'play'는 '공을 가지고 하는 운동이나, 상대 선수를 두고 경쟁하는 운동 경기를 하다'의 의미다. 다음과 같이 문장을 만들 수 있다.

O   How often do you play tennis?

얼마나 자주 테니스를 치시나요? (공을 가지고 하는 운동)

O   I play poker with my friends on Friday night.

나는 금요일 밤에 친구들과 포커를 친다. (경쟁하는 운동)

O   I don't like playing computer games.

나는 컴퓨터 게임하는 것을 좋아하지 않아. (경쟁하는 놀이)

동사 'do'는 '여가 활동을 할 때나 공을 이용하지 않고 팀 경기가 아닌 스포츠를 하다'라는 의미로 사용한다.

O   I heard that you do karate.

나는 네가 가라테를 한다고 들었다. (공을 가지고 하지 않는 운동)

O I do crossword puzzles in my free time.

　나는 여가시간에 낱말 맞추기 퍼즐을 한다. (경쟁하는 놀이가 아님)

O 이것도 알아두세요!

O do yoga / pillates / karate 요가, 필라테스, 가라테를 하다
O play chess / Baduk 체스, 바둑을 두다

He dropped some books

○ 필수 오답노트

X He was fall down some books.

O **He dropped some books.**

그는 책을 몇 권 떨어뜨렸다.

'fall'과 'drop'의 활용

동사 'fall'은 흔히 'fall down'의 형태로 '(바닥으로) 넘어지다, 쓰러지다, 엎어지다'의 의미다. 반면 동사 'drop'은 '(잘못해서) 떨어지다, 떨어뜨리다'의 의미를 가진다. 두 동사의 쓰임에는 차이가 있다.

○ Our apple tree fell down in the storm.

우리 사과나무가 폭우로 쓰러졌다.

○ He stumbled and fell down.

그는 발을 헛디뎌 나자빠졌다.

○ She dropped her keys.

그녀는 열쇠를 떨어뜨렸다.

○ I'm always dropping things.

나는 항상 뭘 떨어뜨려.

'drop(떨어뜨리다)'의 반대말은 'pick up(집어 올리다)'이다.

○ She dropped her keys and her husband picked them up.

그녀는 열쇠를 떨어뜨렸고 남편이 그 열쇠를 집어 올렸다.

O 이것도 알아두세요!

knock over

O Ron knocked over a cup. 론은 컵을 엎질렀다.

영어를 맛있게 즐기는 법

Freeloader

당신 주변에 혹시 계산대 앞에서 돈은 내지 않고, 지갑을 가져오지 않았다며 다른 사람에게 빈대 붙는 사람이 있지 않은가? 남에게 얻어먹기만 좋아하는 것은 정말 꼴불견이다. 돈을 내지 않고 남에게 신세를 진다는 표현은 동사 freeload를 활용한다. 명사 freeloader를 쓰기도 한다. 돈을 내지 않고 다른 사람에게 신세를 지는 것은 다 차려놓은 밥상에 수저 하나 올려놓으려는 것과 별반 다를 게 없다. 다음과 같이 freeloader 대신에 명사 moocher를 사용하기도 하니 알아두자.
"OO is a moocher."

117

Over two hundred people

○ 필수 오답노트

X Above two hundred people were present at our mini-concert.

○ Over two hundred people were present at our mini-concert.

200명이 넘는 사람들이 우리의 미니 콘서트에 참석했다.

'above'와 'over'의 활용

'over'는 '예상된 숫자나 양보다 많다'는 의미로 사용하는 부사다. 또한 전치사로서 '위로, 너머, 이상'의 뜻을 나타내는 문장에 쓴다.

○ The phone rang for over a minute.

전화벨이 1분 넘게 울렸다.

○ There are over 50 beautiful red roses in the vase.

50송이가 넘는 아름다운 빨간 장미가 꽃병에 있다.

'above'와 'over'는 모두 '무엇보다 약간 더 위에 있는 위치'를 묘사할 때 사용한다.

○ The clock is above(혹은 over) the calendar.

그 시계는 달력 위에 있다.

그러나 어느 한 쪽에서 다른 쪽으로 이동해 가는 움직임이나 어디 위로 무엇인가를 '덮는' 행위가 있을 때는 'over'만 사용한다.

O He jumped over the fence.

   그는 담장을 뛰어 넘었다.

'over'는 나이, 돈, 시간과 같은 수치를 나타낼 때 사용한다. 반면 'above'는 '무엇보다 위'라는 의미로 기준이 있을 때 함께 사용한다.

O My dad is over 40.

   우리 아버지는 연세가 40이 넘으셨다.

O This pen costs over 50 bucks.

   이 펜은 가격이 50달러가 넘는다.

O The lighthouse was built 1,000 feet above sea level.

   그 등대는 해발 1000피트 위에 세워졌다.

O I think the temperature will rise above zero soon.

   곧 기온이 영상으로 올라갈 것이라고 생각한다.

118

I visited her sick mother

○ 필수 오답노트

X I visited her ill mother in the hospital.

O I visited her sick mother in the hospital.

나는 그녀의 아픈 어머니 병문안을 다녀왔다.

'ill'과 'sick'의 활용

형용사 'ill'과 'sick'은 모두 '건강이 좋지 않은(not in good health)'을 의미하는 형용사다. 두 형용사와 함께 자주 등장하는 동사들은 'be, become, look, feel, seem' 등이 있다.

O Grace looks sick/ill. I wonder what's wrong with her.

Grace는 아픈 것처럼 보인다. 뭐가 문제인지 궁금하다.

O Alex felt sick/ill, so his teacher sent him to the nurse.

Alex가 아파서, 선생님이 그를 간호사에게 보냈다.

또한 'sick'은 명사 앞에 사용하지만, 'ill'은 명사 앞에 사용하지 않는다는 점을 주의하자.

X Her ill dog is recovering.

O Her sick dog is recovering.

그녀의 병든 개가 회복 중이다.

이것도 알아두세요!

'to be sick'과 'feel sick'은 '매스껍다'라는 의미로 사용한다.

O I did bungy jumping. I thought I was going to die. I felt sick.
번지 점프를 했다. 나는 내가 죽을 거라고 생각했다. 구역질이 났다.

'토하다'라는 영어동사는 'throw up'으로 일상적으로 가장 흔하게 쓰이는 표현이다.
'vomit'은 (전문적) 의학용어로 'throw up'이 일상대화에서는 더 자주 쓰인다.
'puke'는 앞의 두 단어보다는 경멸조의 표현으로 비속어이다.

O Maggie feels terrible. She's been throwing up all day.
매기는 기분이 정말 안 좋다. 그녀는 하루 종일 토하고 있다.

They didn't understand what I was thinking

오답률 **91.5** %

○ 필수 오답노트

X　They didn't understand my mind.

O　**They didn't understand what I was thinking.**

그들은 내가 생각하는 것을 이해하지 못했다.

'mind'와 'thinking'의 활용

"그들이 내 마음을 이해하지 못했다."라는 표현을 영어로 만들면 다음과 같이 잘못 표현하는 경우가 많다.

X　They didn't understand my mind.
O　They didn't understand me.

단어 'mind'는 '마음, 정신, 사고, 지성(인)'의 뜻을 가지고 있다. 하지만 위와 같은 문장은 어색하다.

다음 예문들을 통해 명사로 'mind'가 어떻게 쓰이는지 살펴보자.

O　I made up my mind not to go to college. 나는 대학을 가지 않기로 결심했어.
　　(make up one's mind: 결심하다)
O　Bobby was of sound mind and body. 바비는 심신이 건강한 사람이었다.
　　(be of sound mind: 정신에 이상이 없다)

또, 'mind'는 동사로 '꺼리다. 언짢아하다'의 의미를 가지고 있다. 'mind'는 다음과 같이 활용할 수 있다.

O I don't mind. 나는 상관없어.

O Do you mind if I open the window? 제가 창문 좀 열어도 될까요?

O Would you mind explaining the question again? 이 질문을 다시 설명해주시겠어요?

I have a very cute dog

오답률
94.6
%

○ 필수 오답노트

X   I have a very cutie dog.

O   **I have a very cute dog.**

나는 아주 귀여운 개 한 마리 있다.

'cutie'와 'cute'의 활용

'cutie'는 '귀여움'이란 의미의 명사다. 반면 'cute'는 형용사로 사용한다. 위 예문에서 명사 'dog'을 수식하는 형용사 자리에는 'cute'를 써야 옳다. 명사 'cutie'를 사용하여 다음과 같이 표현하는 것도 좋다.

O She is a cutie. 그녀는 귀염둥이야.
O The little boy is so cute.
O The little boy is so adorable. 그 어린 소년은 너무 귀엽다.

형용사 'cute(귀여운)' 대신에 'adorable'도 종종 쓴다.

She is successful

○ 필수 오답노트

X She is success.

O **She is successful.**

그 여자는 성공했어요.

'success'와 'successful'의 활용

명사 'success'는 '성공'을 의미한다. 반면 'successful'은 형용사로 사용한다. 문장의 의미에 따라 두 단어의 차이를 구별하고 오류를 범하지 않도록 구별하여 사용한다.

O The success of the team depended on the result of the experiment.
그 팀의 성공은 그 실험의 결과에 달려 있었다.

O Michael is a successful lawyer.
미셸은 성공한 변호사이다.

O Fortunately, my second attempt at starting a business was more successful than my first.
다행히도, 나의 두 번째 창업시도는 첫 번째보다는 더 성공적이었다.

○ 이것도 알아두세요!

O succeed in -ing ~하는 것을 성공하다
O fail to 동사원형 ~ 하는 것을 실패하다

Susan didn't make a mistake anyway

○ 필수 오답노트

X Susan didn't make a fault anyway.

O **Susan didn't make a mistake anyway.**

수잔은 어쨌든 실수하지 않았다.

'fault'와 'mistake'의 미묘한 구분

명사 'fault'는 '실패나 잘못된 행위'를 의미한다. 또한 명사 'mistake'는 '잘못된 추론, 부주의함, 부족한 지식으로 야기된 행동, 계산이나 의견 등 판단의 오류'를 의미한다. '실수나 잘못을 저지르다'라는 표현은 'make a mistake'라고 하며, 'make a fault'라고 하지는 않는다는 점을 주의하자.

O It is my fault that we have not finished. 우리가 끝내지 않은 것은 내 잘못이다.
O We all make mistakes. 우리는 모두 실수를 한다.

○ 이것도 알아두세요!

'error'는 '오류'라는 뜻이다.

O There is a technical error. 기술적인 오류가 있다.
　 'blunder'는 '어리석고 부주의한 실수'를 의미한다.
O Mr. Anderson made a tactical blunder. 앤더슨 씨는 전술상의 실수를 저질렀다.

123

It was still bright outside

오답률
73.5
%

O 필수 오답노트

X It was still light outside.

O **It was still bright outside.**

밖은 여전히 밝았다.

'light'와 'bright'의 잘못된 사용

형용사 'bright'는 '(빛이) 밝은, 빛나는, 눈부신'의 의미다. 명사 'light'는 '빛, 광선, 밝음'으로 해석한다. 의외로 많은 학습자들이 비슷한 의미의 두 단어를 혼동해서 사용하는 것으로 나타났다.

O The room was bright with sunshine. 그 방은 햇빛으로 눈부시게 빛났다.
O All colors depend on light. 모든 색깔은 빛에 달려 있다.

Who made this salad?

O 필수 오답노트

X Who cooked this salad?

O **Who made this salad?**

누가 이 샐러드를 만들었나요?

'cook'과 'make'의 활용

음식이나 음료를 준비할 때 동사 'make'를 이용할 수 있다. 특히 아침식사(breakfast)는 'make' 동사를 활용하는데, 그 이유는 아침식사는 일반적으로 열을 이용하지 않고 요리한다고 보기 때문이다. 다음과 같이 활용한다.

O make breakfast
O make some coffee
O make a sandwich
O make tea

하지만 동사 'cook'을 사용할 때는 주의하자. 'cook'은 열(heat)을 이용해서 음식을 만들 때만 사용한다.

O cook lunch
O cook dinner
O cook pasta
O cook chicken
X cook coffee

Unlike me

O 필수 오답노트

X Different from me, she is proficient in English.

O Unlike me, she is proficient in English.

나와는 달리, 그녀는 영어에 능숙하다.

- -

'different'와 'unlike'의 활용

'different'와 'unlike'는 의미가 비슷하지만 쓰임이 다르기 때문에 주의하자. 'unlike'는 명사 앞에서 그 명사를 수식하지 않는다. 즉 'unlike'를 명사 'twins' 앞에 붙여 'unlike twins'과 같은 형태로 말하지 않는다. 'unlike'를 형용사로 사용할 때 '두 대상이 서로 다르다'는 의미다.

O The twins are very unlike. 그 쌍둥이들은 매우 다르다.

또한 'unlike'는 전치사로서 '~와 다른', '~와 달리', '~답지 않은'의 뜻이다. 다음의 예문과 같이 다양한 형태로 사용할 수 있다.

O I am unlike my sister in many ways. 나는 여러 가지 면에서 내 동생과 다르다.
O It is unlike her to be late. 늦는 것은 그녀답지 않다.
O Unlike the old generation of computers, the next generation of computers will be more efficient.
오래된 세대의 컴퓨터와 달리, 다음 세대의 컴퓨터는 더 효율적이 될 것이다

'A be different from B'는 "A는 B와 다르다"는 의미의 숙어 표현이다. 위의 틀린 예문인 "Different from me, she is proficient in English."는 'different from'을 활용해 구를 만드는 오류를 범했다. 'different from'은 전치사구가 아니다.

참고로 영어를 모국어로 사용하는 사람들이 흔히 'be different than'을 활용한다. 그러나 엄밀히 말하면 전치사 from을 쓰는 것이 문법적으로 가장 정확한 표현이다.

O Cats are different from dogs. 고양이는 개와 다르다.

I left my hat in the house

O 필수 오답노트

X I forgot my hat in the house.

O **I left my hat in the house.**

나는 모자를 집 안에 두고 왔다.

'forgot'과 'left'의 활용

동사 'forget'은 '(할 일, 살 것, 가져올 것 등을) 잊어버리다'의 의미다. 즉 의도치 않게 잊어버린 행위를 뜻한다.

O I forgot to bring my keys. 나는 열쇠를 (깜빡하고) 잊어버리고 안 가져왔다.

반면 동사 'left'는 'leave' 동사의 과거, 과거분사형으로, '물건을 어딘가에 두고 오다, 남기다' 의 의미다.

O I left my wallet home. 나는 지갑을 집에 두고 왔어.
O The wound left a scar. 그 부상은 상처를 남겼어.

This is the biggest holiday in your country

O 필수 오답노트

X This is the big best holiday in your country.

O This is the biggest holiday in your country.

너희 나라에서 가장 큰 공휴일이다.

최상급의 표현

최상급 형용사는 최상의, 또는 가장 높은 수준의 자질을 표현할 때 사용한다. 최상급 형용사는 두 가지의 형태가 있다.

짧은 형용사는 '-est'의 형태이다.	2음절 또는 그 이상의 긴 형용사는 'most'를 붙인다
big → the biggest happy → the happiest	modern → the most modern expensive → the most expensive

최상급 표현은 종종 다음과 같은 표현들과 함께 사용한다.

the -est the most + 형용사	+ of (기간) + in (장소) + 주어 + have/has ever + 과거분사

O Today is the best day of my life. 오늘이 내 인생의 최고의 날이다.

O Adel is the most popular singer in the States. 아델은 미국에서 가장 인기 있는 가수이다.

O The movie was the best I have ever seen. 이 영화는 내가 본 중에 최고였어.

Mr. Lee is my colleague

○ **필수 오답노트**

X   Mr. Lee is my senior at work.

O   **Mr. Lee is my colleague.**

미스터 리는 나의 동료이다.

'senior'의 잘못된 사용

형용사로 'senior'는 '(계급이나 지위 따위가) 상위의, 상급의, 고위의'이라는 의미이다. 또, 명사 앞에서만 쓰이는 형용사의 용법으로는 '(특히 스포츠에서 일반인이나 고급실력자) 성인의', '성인을 위한'을 뜻한다. 명사로 'senior'는 '상급자', '연장자'를 의미한다. 특히 '노인들'이라고 말할 때, 'senior citizens'이라고 표현한다. 그 이외에 '대학교 4학년 학생'을 의미하는 말로도 사용한다.

사전적인 의미는 위와 같지만 일상적인 대화에서 많은 학습자들이 잘못된 방식으로 이 단어를 사용한다. 예를 들면, 대화 중에 학교의 선배나 직장의 상사, 또는 자신보다 나이가 많은 사람을 지칭하거나 직함 대신에 사용하는 오류를 범한다. 아래와 같은 표현은 대단히 어색하다.

X My senior in university

X My senior at work.

부하직원을 언급할 때도 사전을 찾아보면 'subordinate' 라고 나오는데, 엄밀히 말하면 맞는 말이지만 이 단어는 다소 계급적이고 권위적인 의미로 구어체에서 사용하기에 적합하지 않다. 사실 영어권에서는 직장 상사나 학교 선배와 같이 나이가 많다는 것을 언급할 필요가 없고 중요하지 않다.

따라서 굳이 '부하직원'이라는 단어를 꼭 쓸 필요가 없다. 다음의 예문을 살펴보자.

O Tommy's in charge of logistics. He works for me.

토미는 물류업무 책임자입니다. 그는 나를 위해 일합니다.

O Sue is in the sales department. She reports to me.

수는 영업부에 있다. 그녀는 나에게 보고한다.

직장이나 학교에서 만나는 사람들을 언급할 때, 다음과 같은 말들이 자주 쓰인다.

O my co-worker, my colleagues, etc.

O another student, my class mate, etc.

O my manager, supervisor, director, etc.

O VP (Vice President)

Chapter 05

관사와 대명사 사용의
오답노트

o
× o
× o
×

I live in Korea

○ 필수 오답노트

X I live in the Korea.

O **I live in Korea.**

나는 한국에 살아.

국가 이름과 정관사 'the'의 활용

대한민국을 의미하는 'Korea'와 같이 대부분의 국가 이름 앞에는 정관사 'the'를 붙이지 않는다. 정관사 'the'는 다음과 같이 사용할 때 국가 이름 앞에 쓴다.

1) 중요한 지리적인 특징을 갖는 경우이다. 예를 들면 'the Philippines'는 'Philippine islands'를 의미하고, 'the Netherlands'는 'the lowlands(낮은 땅들)'를 의미한다.
2) 'republic', 'kingdom', 'united'와 같이 정치적인 연합이나 조직을 나타내는 경우이다.

복수 형태의 국가 이름		'republic' 'kingdom' 'united'가 붙은 국가들
지리적 특징을 갖는 국가들	여러 개의 섬이나 주가 모여 하나의 국가를 형성하는 경우	
the Netherlands	the Maldives the Bahamas the Philippines	the United States of America The Czech Republic The United Kingdom The Republic of Korea

.

○ 이것도 알아두세요!

미국을 the States라고도 말할 수 있다.

O I have lived in America for 10 years.
O I have lived in the States for 10 years.
나는 미국에서 10년간 살았다.

I had dinner with my friends

○ 필수 오답노트

X I had a dinner with my friends.

O **I had dinner with my friends.**

나는 친구들과 함께 저녁식사를 했다.

'have dinner'의 활용

'저녁을 먹다'라는 의미의 'have dinner'는 관용적 표현으로 반드시 알아두자. 위 예문에서는 'a'를 사용할 필요가 없다.

영어를 배우는 학습자들이 'eat something'과 'have something'의 차이에 대해 질문하는 경우가 많다. 두 가지 모두 많이 쓰는 표현이지만, 의미가 약간 다르다. 동사 'have'는 동사 'eat'보다는 더 에둘러서 표현하는 단어다. 'eat'은 먹는 행위를 직설적으로 표현하는 단어이며, 'have'는 그러한 어감이 덜하다. 한국어에서도 '저녁식사를 하다'와 '저녁을 먹다'가 모두 옳은 표현이며, 다양한 방식으로 표현할 수 있는 것과 같다.

breakfast/lunch/dinner 앞에 'big, light, heavy, expensive, good, etc.' 같은 형용사를 붙이면 관사 'a/an'을 붙인다.

O I have breakfast/lunch/dinner. 나는 아침 식사/점심/저녁을 먹는다.
O I have a big breakfast/lunch/dinner. 나는 푸짐한 아침/점심/저녁을 먹는다.

Did you see Mr. Lee?

O 필수 오답노트

X Did you see the Mr. Lee?

O Did you see Mr. Lee?

미스터 리를 만났어요?

사람 이름과 정관사 'the'의 활용

많은 학습자들이 범하는 오류 중 하나가 바로 관사의 사용이다. 명사 앞에 정관사 'the' 또는 부정관사 'a/an'을 붙일 때, 학습자는 그 명사가 셀 수 있는 명사인지 또는 없는 명사인지 반드시 파악해야 한다. 또한 관사를 써야 할 경우와 그렇지 않은 경우를 구분할 수 있어야 한다. 'Dr.'나 'Mr.'의 뒤에 이름이 나오거나, 고유명사의 경우에는 'the'를 사용하지 않는다는 것을 알아두자.

O Yi Sun-sin is a hero in Korea.

이순신은 한국의 영웅이다.

O I gave Dr. Spenser some flowers.

난 스펜서 박사에게 꽃을 주었다.

O 이것도 알아두세요!

같은 성을 가진 한집안 사람을 일컬을 때는 정관사 'the'를 사용한다.

O I met the Smiths yesterday. 나는 어제 스미스 씨네 일가를 만났다.

He played the piano last week

O 필수 오답노트

X He played piano last week.

O **He played the piano last week.**

그는 지난 주에 피아노를 쳤다.

악기 이름과 정관사 'the'의 활용

정관사 'the'는 특정한 사람이나 사물을 가리킬 때 사용한다. 동사 'play'와 함께 '악기를 연주하다'라는 뜻으로 'play the + 악기이름'의 형태로 사용한다.

O play the flute
O play the drums
O play the violin
O Jenny usually plays the guitar on weekends. 제니는 주말에 보통 기타를 연주한다.

O 이것도 알아두세요!

동사 'play'를 사용해 '운동을 하다'라는 표현을 할 때는 'the'를 붙이지 않는다.

O play soccer
O play tennis
O play pool 포켓볼을 치다.
O Jenny usually plays dodgeball on weekends. 제니는 주말에 보통 피구를 한다.

Life is hard

오답률
79.6
%

O 필수 오답노트

X The life is hard.

O **Life is hard.**

인생이 힘들지요.

추상명사와 정관사 'the'의 활용

추상명사란 형태가 없는 무형의 추상적인 개념을 나타내는 명사를 말한다. 추상명사는 셀 수 없는 명사로서 부정관사 'a/an'을 붙이지 않으며 복수형을 사용하지 않는다.

추상명사의 예	happiness(행복), beauty(미), peace(평화), advice(충고), experience(경험), success(성공), kindness(친절), education(교육), knowledge(지식), luck(행운) cf. a beauty(미인)

일반적인 것을 의미할 때 추상명사 앞에 the 를 붙이지 않으나, 특정한 것이나 개별적인 경험과 행위를 나타낼 때에는 정관사 'the'를 앞에 붙인다.

위의 예문에서 "인생이 고달프다."라고 말할 때, 일반적인 의미의 '인생'은 'the life'가 아닌 'life'로 말해야 옳은 표현이다.

O Water is vital to life. 물은 삶에 꼭 필요하다.

O The water in the river was too cold to swim. 그 강물은 수영하기에는 너무 차가웠다.

단, 추상명사가 구체적이고 개별적인 행위나 경험 등을 나타내는 보통명사처럼 쓰일 경우에는 부정관사를 붙이거나 복수형을 쓸 수 있다.

O My friend has a deep knowledge of Korean history.
　내 친구는 한국사에 깊은 지식을 갖고 있다.

O The author wrote a book about her odd experiences.
　이 작가는 독특한 경험을 다룬 책을 썼다.

영어를 맛있게 즐기는 법

Space out

Brad: Hey, Scott. Listen. I've got a hunch. Kelly likes me.
스캇, 들어봐. 나 켈리가 나를 좋아하는 것 같은 예감이 들어.
Scott: What? 뭐라고?
Brad: You aren't listening to me, are you? 너 내 말 안 듣고 있지? 그렇지?
Scott: Sorry. 미안해
Brad: You must be spacing out. 너 멍 때리고 있는 게 분명해.

영어로 '멍 때리다'를 'space out' 또는 'zone out'이라고 표현할 수 있다. 'absent-minded'도 넋이 나가 얼이 빠져 있는 상태를 말할 때 사용한다. 재미있는 표현이니 알아두면 좋겠다.

I like him best

○ 필수 오답노트

X I like him the best.

O I like him best.

나는 그를 가장 좋아한다.

최상급의 표현

최상급을 표현할 때는 형용사에 '-est'를 붙이거나, 'most + 형용사'의 형태로 사용한다. 대부분의 최상급 표현에는 'the'를 맨 앞에 붙여 활용한다. 형용사 'good'과 부사 'well'의 최상급 형태는 '(the) best'이다.

'like ~the best'와 'like best' 둘 중에 어떤 것이 맞는가? 라고 질문한다면, 우선 이 둘의 의미상의 차이는 없다. 또, 영어권 원어민조차도 이 둘의 차이를 크게 구별하지 않고 쓰는 경우를 볼 수 있다. 그러나 보통 부사의 최상급에는 'the'를 쓰지 않는다. 다음의 설명을 보면, best를 쓰는 것이 the best 보다 옳은 표현이라는 것을 알 수 있다.

"I like him."은 '주어 + 동사 + 목적어'의 구조이다. 이 문장을 수식할 때 부사 'best'를 사용한다. 위 틀린 예문에서 한정사로 명사를 꾸며주는 역할을 하는 'the'가 사용되었으므로 'the best'는 부사가 아닌 명사구가 된다. 따라서 '주어 + 동사 + 목적어'의 문장 뒤에 부사가 아닌 명사구가 나올 수 없으므로 오류다.

"나는 ○○○을 가장 좋아해."라는 문장은 자주 사용하는 형태이므로 반드시 기억해두자.

O I like fried chicken best. 나는 치킨을 가장 좋아해.
O I like this one best. 나는 이것을 가장 좋아해.
O I like summer best. 나는 여름을 가장 좋아해.
O I like sports programs best. 나는 스포츠 프로그램을 가장 좋아해.

135

I don't know what her name is

오답률 **89.5** %

○ 필수 오답노트

X I don't know what is her name.

X I don't know what her name.

O **I don't know what her name is.**

O **I don't know her name.**

나는 그녀의 이름이 무엇인지 몰라요. / 나는 그녀의 이름을 몰라요.

소유형용사의 활용

소유형용사는 누가 무엇을 '소유'하고 있는지를 나타내는 말이다.

소유형용사의 예	my, your, his, her, its, our, their whose (의문형용사)

소유형용사는 명사를 수반한다.

X I like your new

O I like your new hair style/ hairdo.

나는 너의 새로운 머리스타일/ 머리모양이 마음에 든다.

X She's address is 187 Pine Street, Long Island, New York.
O Her address is 187 Pine Street, Long Island, New York.

그녀의 주소는 뉴욕시 롱 아일랜드 파인스트리트187이다.

위의 예문에서 'I don't know' 다음에 '의문사 + 주어 + 동사' 형식의 '간접의문문' 어순에도 주의하자. 일반적인 의문문의 어순은 '의문사 + 조동사 + 주어 + 동사' 또는 '의문사 + be동사 + 주어 + 형/부사(구)'이다.

○ 이것도 알아두세요!

'I (don't) know 의문사 + to부정사'의 구조도 알아두자.

O I don't know how to explain this. 나는 이것을 어떻게 설명해야 할지 모르겠다.
O I don't know what to do. 나는 무엇을 해야 할지 모르겠다.
O I don't know where to stay. 나는 어디에 머물러야 할지 모르겠다.
X I don't know why to go.
O I don't know why I should go.

why는 다른 의문사와 달리 to부정사를 바로 뒤에 쓰지 않는 특징이 있다.

Give me some information

○ 필수 오답노트

X   Can give me an information?

O   **Can you give me some information?**

정보 좀 알려주시겠어요?

셀 수 없는 명사의 사용

'some'은 '약간'을 뜻하는 말로 'a little, a few, a small number, amount'와 같은 의미다. 'some'이나 'any'는 셀 수 있는 명사와 셀 수 없는 명사 모두와 함께 쓸 수 있는 표현이다. 위 예문에서 'information'은 '정보'라는 뜻의 셀 수 없는 명사이다. 따라서 셀 수 있는 명사가 하나일 때 붙일 수 있는 부정관사 'a/an'과 함께 사용할 수 없다.

O He needs some stamps. 그는 우표가 좀 필요하다.
O Lisa needs some money. 리사는 돈이 좀 필요하다.

단, 문장에서 '일반적인 종류'를 의미할 때 'some'은 사용할 수 없다.

X I like some bananas.
O I like bananas. 나는 바나나를 좋아한다.

There were only few people

오답률
78.9
%

○ 필수 오답노트

X There were only little people at the coffee shop yesterday.

O **There were only few people at the coffee shop yesterday.**

어제 커피숍에는 사람들이 거의 없었다.

'a few'와 'a little'의 활용

'약간 있다'는 영어 표현에서 셀 수 있는 명사에는 'a few'를, 셀 수 없는 명사에는 'a little'을 사용한다. 또한 '거의 없다'는 표현에서 셀 수 있는 명사에는 'few'를, 셀 수 없는 명사에는 'little'을 사용한다.

셀 수 없는 명사	셀 수 있는 명사
a few/few	a little/little

즉 'a few'나 'a little' 모두 '약간 있다'는 의미를 가지고 있으며 뒤에 나오는 명사에 따라 쓰임이 달라진다. 또한 'few'와 'little'은 '거의 없다'는 의미로 부정적인 문장의 의미가 되므로 해석에 주의한다.

O a little money 약간의 돈
X a few money
O a few friends 몇 명의 친구들
X a little friends

Her salary was much higher than before

○ 필수 오답노트

X Her salary was more higher before.

O Her salary was much higher than before.

그녀의 월급은 전보다 훨씬 더 높았다.

비교급의 강조 표현

위 예문에서는 비교급 형용사 'higher'를 강조하기 위해 'much'를 사용하였다. 'even, still, far, a lot'을 사용하여 비교급을 강조할 수 있다.

O The atmosphere of this room is much better now. The new wallpaper makes it cozy. 지금 이 방의 분위기가 훨씬 좋아졌다. 새 벽지가 방을 아늑하게 만들어준다.

'good'이나 'well'의 비교급은 'better'이다. 단어 'better'에 비교급의 의미가 있으므로 'more'를 함께 사용하면 안 된다. 비교급을 만드는 규칙을 참고하자.

-er -ier	1. 1음절의 짧은 단어 뒤에 '-er'을 붙인다. cheap → cheaper large → larger fast → faster thin → thinner 2. '-y'로 끝나는 2음절의 단어 뒤에 '-ier'을 붙인다. lucky → luckier early → earlier easy → easier pretty → prettier
more	1. 기타 2음절의 단어 앞에 'more'를 붙인다. dangerous → more dangerous 2. 2음절 이상의 단어 앞에 'more'를 붙인다. comfortable → more comfortable expensive → more expensive 3. '-ly'로 끝나는 부사 앞에 'more'를 붙인다. seriously → more seriously 4. 서술형용사 앞에 'more'를 붙인다. afraid → more afraid

Hannah lives with her grandparents

O **필수 오답노트**

X Hannah lives with she's grandparents.

O **Hannah lives with her grandparents.**

한나는 조부모님과 함께 산다.

단어의 소유격 형태 만들기

위 틀린 문장에서 'she's'는 'her'로 바꾸어 사용해야 한다. 'she'의 소유격 형태인 'her'는 명사 'grandparents' 앞에서 수식어로 사용한다. 소유격 형용사는 누가 무엇을 가지고 있음을 나타내는 말로서 'my, your, his, her, its, our, their' 등의 형태가 있다.
기본적인 문법 지식이지만 많은 학습자들이 실제 문장을 만들 때 오류를 범하는 경우가 많으므로 주의하자.

O This is my book. 이것은 나의 책이다.
O We sold our house. 우리는 우리의 집을 팔았다.
O Her daughter is 5 years old. 그녀의 딸은 5살이다.

또한 명사 뒤에 '-'s'를 붙여 소유격 형태를 만들 수 있다.

X It is not good for mother health.
O It is not good for mother's health. 이것은 어머니의 건강에 좋지 않아.
O a woman's hat
O the boss's wife

O Mrs. Chang's house

사물이나 장소는 보통 'of'를 쓴다.

O The repairman is looking at the roof of the building.
수리하는 사람이 건물 지붕을 쳐다보고 있다.

단체나 조직, 국가명이나 기관명 등에는 '-'s' 또는 'of'를 모두 쓸 수 있다.

O Ottawa is the capital (city) of Canada.
O Ottawa is Canada's capital.
오타와는 캐나다의 수도이다.

The man who works here is from Jeju Island

○ 필수 오답노트

X The man which works here is from Jeju Island.

O **The man who works here is from Jeju Island.**

여기서 일하는 그 남자는 제주도 출신이다.

관계대명사의 활용

관계대명사 'who'나 'whom'은 사람에 대해 말할 때, 'which'는 사물에 대해 말할 때 사용한다. 관계대명사 'that'은 선행사가 '사람' 또는 '사물'일 때 사용할 수 있다.
위 예문에서는 'who'나 'that'을 사용해야 올바른 표현이다.
관계대명사는 명사 뒤에 위치하여, 우리가 말하는 대상이 어떠한 사람인지 혹은 어떠한 사물인지 명확하게 설명하거나 내용을 보충해주는 역할을 한다.
관계대명사 앞에 쉼표(,)를 붙이면 '계속적용법'의 관계대명사라고 하며, 특히 앞에 나온 정보를 부연, 보충 설명할 때 쓴다.

O My grandfather, who is 65, has just retired as a professor from Seoul National University. 우리 할아버지는 65세이신데 서울대 교수직을 이제 막 은퇴하셨다.

O I bought my mom some Bingsu, which is her favorite dessert.
엄마에게 빙수를 사드렸다. 빙수는 엄마가 가장 좋아하시는 디저트이다.

관계 대명사 'that'은 계속적용법으로 쓸 수 없다. 'which, who, whose' 등은 계속적용법이 가능하다.

X I bought my mom some Bingsu, that is her favorite dessert.

My wife and I like going to Italian restaurants

오답률
88.5
%

X Me and my wife like to go to Italian restaurant.

O **My wife and I like going to Italian restaurants.**

아내와 나는 이탈리아 레스토랑에 가는 것을 좋아한다.

문장의 주어 만들기

예문에서 'my wife and I'는 문장의 주어이다. 주어의 위치에 있으므로 'me'를 사용한 문장은 틀린 표현이다. 만약 문장의 목적어로 사용한다면 'my wife and me'라고 표현한다.

O My wife and I enjoyed our meal at an Italian restaurant.
나의 아내와 나는 이탈리안 레스토랑에서 식사를 즐겼다.

O You can come and see my wife and me whenever you like.
너는 네가 좋은 때에 언제든지 나의 아내와 나를 보러 와도 된다.

물론 원어민과 대화를 나눌 때 위와 같이 잘못된 문장을 사용한다고 해도 의미는 전달될 것이다. 원어민 중에서도 잘못된 문법 형태를 사용하는 사람이 종종 있다. 하지만 좀 더 정확한 표현을 사용하는 것이 의미를 명확하게 전달하는 방법이라는 사실을 명심하자.

O **이것도 알아두세요!**

다른 사람과 나를 주어로 쓸 때, 다른 사람을 먼저 쓴다.

O My colleagues and I are working on a project now.

　나의 동료들과 나는 지금 프로젝트를 진행하고 있다.

X I and my colleagues

The other students and I are confused with the key points

○ 필수 오답노트

X The students and me are confusing about key points.

O **The other students and I are confused about the key points.**

다른 학생들과 나는 핵심 사항들에 대해 혼란스러워하고 있다.

문장의 주어 만들기

앞서 알아본 것과 같은, 문장의 주어 자리에 들어가는 대명사의 형태에 관한 오류이다. 주어의 위치에 있으므로 'me'가 아닌 'I'를 사용한다. 목적어 자리에는 다음과 같이 'me'를 사용한다.

O He gave me ten dollars. 그는 나에게 10달러를 주었다.

단, 다음의 예문과 같이 전치사 뒤에 또는 간접목적어 자리에 'me'를 사용할 수 있다.

O Between you and me, this is a bad idea.

너와 나 사이에 하는 말인데, 이것은 안 좋은 생각인 것 같다.

○ **이것도 알아두세요!**

'be confused about'은 '~에 대해 혼란스러워하다'라는 의미이다.

There's nothing special

O 필수 오답노트

X There is no something special.

O **There's nothing special.**

특별한 것이 없다.

- -

'something'과 'nothing'의 활용

'무엇이 있다'는 문장을 표현할 때 'there is + 단수명사' 혹은 'there are + 복수명사'를 사용한다. 'there is/are'의 뒤에 오는 명사가 문장의 주어이며, be동사가 주어 앞에 도치된 문장 형태이다. 'there'는 '거기에'라고 해석하지 않는 점에 유의한다.

O There is one table in the classroom. 교실에 테이블이 한 개 있다.
O There are many people at the bus stop. 버스정류장에 사람들이 많이 있다.
X Many people in the picture.
O There are a lot of people in the picture. 이 사진 속엔 많은 사람들이 있다.

위 예문에서 'no something'은 틀린 표현이다. 'anyone, anything, something, someone'은 'not'과 함께 주어로 사용하지 않는다. 이때는 부정대명사 'nothing'이나 'nobody'를 사용하여 표현한다.

X Not anything will make change my mind.
O Nothing will make me change my mind. 내 마음을 바꿀 것은 아무것도 없을 것이다.

I didn't meet anybody

O **필수 오답노트**

X I didn't meet nobody.

O **I didn't meet anybody.**

나는 아무도 만나지 않았다.

'anybody'의 활용

'anybody'는 '누구, 아무'라는 의미이며 "I didn't meet anybody."와 같이 표현해야 "아무도 만나지 못했다"라는 부정의 의미를 전달할 수 있다. 위 예문에서 'not'을 활용해 부정문을 만들었으므로, 'nobody(아무도)'를 사용하면 의미가 중복되어 틀린 문장이 된다.
'아무도 ○○을 하지 않는다'라는 또 다른 표현은 'no one'이나 'nobody'를 활용하며, 동사의 긍정 형태와 함께 사용하지만 문장을 부정문으로 만든다.

O Nobody loves me. 아무도 날 사랑하지 않아.

'any' 다음에 '-body/one/thing/where'를 붙여도 'any'의 의미는 변함이 없다.
anybody, anyone 누구나/아무도
anything 무엇이든지/아무것도
anywhere 어디든지/아무데나

O Is anybody there? 거기 혹시 누구 있나요?
O I haven't seen anyone here yet. 나는 여기서 아무도 보지 못했다.
O Tom dropped by a convenience store, but he didn't buy anything.
    톰은 편의점에 들렀지만 아무것도 사지 않았다.

O You can buy anything you want. 네가 원하는 것은 무엇이든지 살 수 있다.

O Maggie looked for her glasses but couldn't find them anywhere.
메기는 안경을 찾으려 했지만 어디에서도 찾을 수 없었다.

O You can sit anywhere you want. 원하는 곳 아무데나 앉으세요.

O 이것도 알아두세요!

'anything'을 활용한 표현들을 좀 더 살펴보면 다음과 같다.

O If anything goes wrong, call me immediately. 무슨 일이 생기면 즉시 제게 전화주세요.
'any'는 'if 조건문'에서 사용할 수 있다.

O She is anything but friendly. 그녀는 결코 친절하지 않다.
'anything but'은 '결코 ○○이 아닌'으로, 'never'와 같다.

O Anything will do. 어떤 것이든 상관없어요.

I am going back home

○ 필수 오답노트

X   I am going back my home.

O   **I am going back home.**

나는 집으로 돌아가는 길이에요.

소유형용사의 잘못된 사용

'my'는 소유격형용사이다. "나는 집으로 돌아가는 중이야."라고 말할 때 'home' 앞에 'my'라는 소유격형용사를 쓸 필요가 없다. 왜냐하면 'home'은 '내가 소유한 집'이라는 의미를 가지고 있기 때문이다.

학습자들이 이와 비슷한 실수를 범하는 경우가 많다. "와주셔서 감사합니다."라는 문장을 만들어보자. 아래와 같은 경우에도 소유를 나타내는 'your'를 사용할 필요가 없다. 혹자는 coming을 동명사로 보고 동명사의 의미상의 주어로 소유격인 your이 온 게 아니냐고 반문할 수 있지만, 이 문장은 문법적으로 맞고 틀림을 떠나 실제로 말했을 경우에 굉장히 어색한 표현이라는 것을 알아두자.

X   Thank you for your coming.
O   Thank you for coming. 와주셔서 감사합니다.

146 ▸ I don't need any money

오답률
84.7
%

○ **필수 오답노트**

X I don't need some money.

O **I don't need any money.**

나는 돈이 전혀 필요 없어요.

'any'와 'some'의 활용

'약간, 조금'의 의미로 'some'과 'any' 모두 셀 수 있는 명사와 셀 수 없는 명사에 사용할 수 있다는 공통점이 있다. 그러나 'some'은 주로 긍정문에서, 'any'는 주로 부정문과 의문문에서 사용한다는 차이가 있다.

단, 'any'가 '아무것이나'라는 뜻으로 사용할 때는 긍정문과 if 절에서 사용할 수 있다.

또한 'some'은 "would you like some ~?"이나 "Can I have some~?"과 같이 권유나 요청하는 문장에서 사용한다는 점을 주의하자.

O He needs some stamps. 그는 우표가 좀 필요하다.

O I don't have any homework to do. 나는 해야 할 숙제가 없다.

○ **이것도 알아두세요!**

O She finished the test without any difficulty. 그녀는 어떠한 어려움 없이 그 시험을 마쳤다.

긍정문이지만 'without' 때문에 전체 문장의 의미가 부정일 때는 'any'를 사용할 수 있다.

I want to find an apartment

오답률
78.5
%

O 필수 오답노트

X   I want to find my apartment.

O   **I want to find an apartment.**

나는 아파트를 구하기 원해요.

소유형용사의 잘못된 사용

학습자들이 "나는 아파트를 구하기 원한다."라고 말할 때, 자신이 구해야 하는 아파트를 'my apartment'라고 표현하는 경우가 종종 있다.

X I want to find my apartment.
X I want to buy my TV.

위와 같은 문장에서 소유격형용사 'my'를 사용하는 것은 적절하지 않다. 지금은 구매하지 않았고, 미래에 구매해야 자신의 것이 되는 물건에 'my'라는 소유격형용사를 붙이는 것은 이상하다. 이 때는 부정관사 'a/an'을 사용하는 것이 정확한 표현이다.

O I want to find an apartment. 아파트를 찾고 싶은데요.
O I want to buy a TV. 나는 TV를 사고 싶다.

Has anyone seen my gold watch?

오답률
84.3
%

O 필수 오답노트

X Has someone seen my gold watch?

O **Has anyone seen my gold watch?**

내 금시계 혹시 본 사람 있나요?

'someone'과 'anyone'의 활용

'–one, –body, –thing'으로 끝나는 부정대명사는 어떤 특정한 사람이나 사물, 혹은 수량을 나타내는 것이 아나라 말 그대로 '모호하고 정해 지지 않은' 것을 지시하는 대명사다.

'someone, somebody'는 일반적으로 긍정문에서 주로 쓰인다.

'anyone, anybody'는 주로 부정문이나 의문문에서 '아무도'라는 뜻으로 사용한다. 그러나 존재를 알지 못하는 경우 긍정문에서도 쓰일 수 있다. 또한 어떤 사람인지 상관없을 때 '누구든지'라는 의미로 사용한다.

O I know someone who can fix your car.

나는 너의 차를 수리할 수 있는 누군가를 알고 있다.

O If anyone needs my help, they can call my cell phone.

누구든지 내 도움이 필요하면 내 휴대폰으로 전화할 수 있습니다.

O Can anyone answer this question?

누구 혹시 이 질문에 대답할 수 있는 사람 있나요?

Kim and Hana cooked the dinner themselves

O 필수 오답노트

X Kim and Hana cooked the dinner themself.

O **Kim and Hana cooked the dinner themselves.**

킴과 하나가 직접 저녁요리를 했다.

재귀대명사의 활용

주어와 목적어가 일치할 때 재귀대명사를 쓴다. 재귀대명사는 단수인 경우 '-self'를 붙이며, 복수일 때는 '-selves'를 붙여 만든다. 주어와 목적어가 동일하지 않을 때는 재귀대명사가 아닌 대명사를 쓰는 것에 주의한다.

O Janet talked to him. 재닛은 그와 이야기를 나눴다.
O Janet talked to herself. 재닛은 혼잣말을 했다.

O We blame them. 우리는 그들을 탓한다.
O We blame ourselves. 우리는 우리 자신을 탓한다.

O They cannot look after their young children. 그들은 어린 자녀를 보살필 수 없다.
O They cannot look after themselves. 그들은 자신들 스스로를 보살필 수 없다.

150 Yes, I have one

오답률
77.9
%

○ **필수 오답노트**

Do you have any digital camera?

X Yes I have it.

O **Yes, I have one.**

예, 하나 있어요.

'it'과 'one'의 활용

대명사 'it'은 'the + 명사'를 대신한다. 즉 이미 언급된 동일한 명사를 지칭할 때 사용한다.

O I have a dog. It is a female pekingese.
　 나는 개를 한 마리 가지고 있다. 그것은 암컷 패키니즈이다.

부정대명사 'one'은 'a/an + 명사'를 대신하여 사용하는 표현이다. 'one'은 문장에서 언급된 명사와 동일한 것이 아닌, '그러한 종류의 것 하나'를 말할 때 사용한다. 'one'의 복수 형태는 'ones'이다.

Do you have a dog? 개가 있나요?

O Yes, I have one. (one = a dog)
X Yes, I have it.

Chapter 06

전치사와 기타 표현의 오답노트

○
×
○
×

He is married to a teacher

오답률
76.5
%

X   He is married with a teacher.

O   **He is married to a teacher.**

그는 선생님과 결혼했다.

'be married to'와 'get married to'의 활용

영어로 '결혼했다'를 표현할 때 다음 두 가지의 방법이 있다. 먼저 'be married to'의 형태를 사용하여 문장을 만든다.

O I am married to Joe.
  (~와 결혼한 상태를 말함)

또한 'get married to'의 형식으로 문장을 만들 수 있다. 여기서 주의할 것은 '~와 결혼하다' 라는 의미 때문에 'with'를 사용하는 경우가 있는데, 이는 잘못된 표현이다. 반드시 'to'를 사용 하도록 하자.

X I got married with Joe.
O I got married to Joe. 나는 조와 결혼했어.

○ **이것도 알아두세요!**

O Peter and Laura got divorced last year. 피터와 로라는 작년에 이혼했어요.
O What did Peter want to divorce his wife? 피터는 왜 아내와 이혼하고 싶어 했나요?

My son doesn't listen to me

O 필수 오답노트

X My son doesn't listen me.

O **My son doesn't listen to me.**

아들은 내 이야기를 듣지 않는다.

'listen to'의 활용

동사 'listen'은 전치사 'to'와 함께 사용하여 '(누군가가 말하고 있는 것을) 주의를 기울여 듣다'
는 의미를 갖는다. 많은 학습자들이 'to'를 함께 사용하지 않아 잘못된 문장을 쓰고 있는 것을
알 수 있다. 'listen to'의 표현을 기억해두자.

O I love listening to music when I am alone in my room.

　　나는 방에 홀로 있을 때 음악을 듣는 것을 무척 좋아한다.

O I listen to my grandma's wonderful stories every night.

　　나는 할머니의 놀라운 이야기들을 매일 밤 듣는다.

Please explain to me how to improve my English

필수 오답노트

X Please explain me how do I improve my English.

O **Please explain to me how to improve my English.**

제게 영어 실력을 향상시킬 수 있는 방법을 알려주세요.

동사 'explain'의 활용

동사 'explain'은 사람을 목적어로 취하지 않는 타동사로서, 설명하는 대상인 목적어를 전치사 없이 동사 바로 뒤에 붙일 수 없다.

따라서 위의 첫 번째 예문에서처럼 'explain' 바로 뒤에 사람을 붙여서 'explain me'라고 쓰지 않는다.

동사 'explain' 뒤에 설명을 듣는 사람이 등장할 때는 'to'를 함께 사용한다. 따라서 '(사람)에게 (사람이나 사물)을 설명하다'라고 말할 때, 'explain (사람이나 사물) to (사람)'의 문장 구조를 취한다. 'explain me' 혹은 'explain her'와 같이 사용하지 않는 것에 주의하자.

O Please explain it to me. 이것을 저에게 설명해주세요.

O Can you explain nanotechnology to me? 나노기술에 대해 저에게 설명해주시겠어요?

O 이것도 알아두세요!

explain 뒤에 about을 쓸 수 있다. (전치사구)

O I'll explain briefly about our new product.
신제품에 대해 간단히 설명해 드리겠습니다.

I asked my friend

○ 필수 오답노트

X I asked to my friend if she can make one for me.

O **I asked my friend if she could make one for me.**

나는 친구에게 나를 위해 하나 만들어줄 수 있는지 물어보았다.

동사 'ask'의 활용

많은 학습자들이 전치사 'to'의 활용에 애를 먹고 있다. 전치사 'to'는 흔히 '~에게'라는 의미로 해석하는데, 모든 동사에서 사용되지는 않는다.

모든 동사가 '~에게'라는 말을 할 때 'to'를 사용하면 좋겠지만 실제로는 그렇지 않다. '~에게' 라는 의미의 문장을 만들 때 'talk'는 'to'를 사용하지만, 'ask'는 쓰지 않는 점에 주의한다. 위 예문에서 'to'를 사용한 문장은 잘못되었다.

○ 이것도 알아두세요!

'ask 사람 out'은 '~에게 데이트를 신청하다'라는 뜻이다.

O My friend is too shy to ask her out.

내 친구는 너무 수줍어서 그녀에게 데이트 신청을 못한다.

155

I've been here for three months

오답률 **77.0** %

○ 필수 오답노트

X I've been here since three months.

O **I've been here for three months.**

나는 여기서 3개월간 지내고 있다.

'for'와 'since'의 활용

'for'와 'since'는 시간을 나타내는 표현이다. 전치사 'for'는 '~하는 동안'의 뜻으로 'for' 다음에는 구체적인 숫자나 기간의 표현이 나온다.

O for five minutes
O for two weeks
O for six years

반면 'since'는 '~한 이후로'라는 의미로 어떤 행동이나 사건이 시작되는 시점과 함께 사용한다. 과거의 어느 한 시점에서 지금까지를 의미할 때 쓰이는 시간 표현이다. 'since' 뒤에 숫자나 명사가 나오면 전치사로 사용한 것이며, '주어 + 동사'의 문장이 나오면 접속사로 사용한 것이다.

O since 9 o'clock
O since 1st January
O since Monday
O since I was young

My flight to Jeju departs at 5:00 am

O 필수 오답노트

X   My flight to Jeju departs in 5:00 am.

O   **My flight to Jeju departs at 5:00 am.**

제주행 비행기는 5시에 출발한다.

시간을 나타내는 전치사의 활용

시간을 나타낼 때에는 전치사 'at'을 사용한다. 전치사 'on'은 날짜나 요일을 나타낼 때, 전치사 'in'은 달이나 년과 같은 긴 기간을 표현할 때 사용한다.

O at three o'clock (시간)
O on Monday (요일)
O on August 25th (날짜)
X on August
O in June (달)
X in June 14th
O in 1981 (년도)
O in summer (계절)

아침, 점심, 저녁은 전치사 'in'을 활용한다. 정오, 자정, 밤 등의 시간을 나타낼 때는 전치사 'at'을 사용하는 것에 주의하자.

O in the morning/ afternoon/ evening
O at noon
O at midnight
O at night
O on Friday night
X at Friday night

I live in Incheon

오답률
85.6
%

○ 필수 오답노트

X I live Incheon.

O I live in Incheon.

나는 인천에 산다.

- -

장소를 나타내는 전치사의 활용

전치사 'in'은 넓은 장소, 국가, 나라, 대륙 등을 표현할 때 사용한다. 도시나 마을을 나타낼 때에도 일반적으로 'in'을 사용한다. 전치사 'at'은 좁은 장소, 건물, 지점을 표현할 때 사용한다.

○ Jay's family lives in Jamsil. 제이의 가족은 잠실에 산다.
○ Claire will meet up her friends at Jamsil. 클레어는 친구들과 잠실에서 만날 것이다.

We will go there

○ **필수 오답노트**

X We will go to there.

O **We will go there.**

우리는 거기에 갈 거예요.

전치사 'to'의 활용

전치사 'to'는 장소나 사람 앞에 쓰여 '~로' 또는 '~에게'라는 의미다. 장소 앞에 'to'를 사용하여 'to the library' 혹은 'to Sydney'라고 표현한다.

간혹 학습자들이 전치사 'to'를 잘못 사용하는 경우가 있다. "거기로 가다."라는 의미의 문장을 'go there'라고 표현해야 하는데 'go to there'라고 잘못된 문장을 만드는 것이다. 'there'는 명사가 아니라 부사 '거기에'라는 뜻을 가지고 있으므로 'to'를 함께 사용하는 것은 오류다. 이와 비슷한 오류는 다음과 같다.

X come to here
X go to home
X go to upstairs
O come here
O go home
O go upstairs

159

The sun rises in the East

오답률
74.3
%

○ 필수 오답노트

X The sun rises from the East.

O **The sun rises in the East.**

태양이 동쪽에서 뜬다.

전치사 'from'과 'in'의 활용

"태양이 동쪽에서 뜬다."라는 불변의 진리를 영어로 표현할 때 어떤 전치사를 사용해야 하는지 고민하는 학습자가 많다.

전치사 'in'은 어떤 것 안에 들어 있는 장소나 위치를 표현할 때 사용한다. 반면 'from'은 '어떤 것이 (무엇)으로부터 나오는 장소'를 나타낼 때 사용하는 표현이다. 위 예문에서는 전치사 'in'을 사용하는 것이 옳다.

I said to them I didn't know

오답률
87.7
%

○ 필수 오답노트

X I said them I don't know.

O **I said to them I didn't know.**

나는 몰랐다고 그들에게 말했다.

동사 'say'와 'tell'의 활용

동사 'say'와 'tell'은 모두 '말하다'라는 뜻을 가지고 있다. 동사 'say'는 'say to + 사람'의 형태로 사용하지만, 동사 'tell'은 'to' 없이 'tell + 사람'의 형태로 사용한다. 'to'를 함께 사용하면 틀린 표현이니 주의하자.

O He said to me that he was tired.

　　그는 나에게 피곤하다고 말했다.

O Tara said to Ram that he had done very well.

　　타라는 램에게 그가 아주 잘했다고 말했다.

또한 동사 'say' 뒤에는 말하는 내용이 바로 나온다. 하지만 동사 'tell' 뒤에는 이야기를 듣는 사람이 반드시 나와야 한다. that은 생략 가능하다.

O Ram said (to Jane) (that) he was tired.

O Ram told Jane (that) he was tired.

　　램은 제인에게 그가 피곤하다고 말했다.

O Mandy told me (that) she loved John.

O Mandy said (to me) (that) she loved John.

　　맨디는 나에게 자기가 존을 좋아한다고 말했다.

X My parents said me that I shouldn't drink coffee because it has a lot of caffeine.

O My parents told me that I shouldn't drink coffee because it has a lot of caffeine.

내게 부모님은 커피에 카페인이 많이 들어 있어서 마시면 안 된다고 말씀하셨다.

영어를 맛있게 즐기는 법

A muffin top

영어에는 재미있는 표현들이 참 많이 있는데 그중에 하나가 바로 **a muffin top**이다. 말 그대로 머핀의 윗부분처럼, 바지 위로 비집고 나온 '똥배' 뱃살을 의미한다. 머핀 컵 위로 튀어나온 모습이 뱃살을 연상시키는 것에서 나온 말이다. 영어를 학습하다 보면 재미있는 표현을 많이 알 수 있다. 영화나 광고 등 다양한 매체를 통해 이와 같이 재미있는 표현을 더 찾아보자.

Shall we sit on that sofa?

O **필수 오답노트**

X Shall we sit in that sofa?

O **Shall we sit on that sofa?**

우리 저 소파에 앉을까요?

전치사 'in'과 'on'의 활용

'sit on a chair'와 'sit in a chair'는 의자의 생김새에 따라 달라질 수 있다.
특별히 의자를 둘러싼 삼면에 몸을 기대는 팔걸이와 등받이가 있다면, 'sit in a chair'를 쓰는 것이 전혀 어색하지 않다. 만약 아무 팔걸이가 없는 평평한 의자 위에 앉는다면, 당연히 'sit on a chair'가 알맞은 표현이다.

일반적으로 의자 위에 앉는다는 표현은 전치사 'on'을 활용한다.
O I sat on the sofa. 나는 소파에 앉았다.
O I sat on an armchair. 나는 안락의자에 앉았다.

물론 특별한 상황에 따라 'in'을 쓰는 경우도 있다. 예를 들면, 의자에 앉았는데 의자가 부서져서 내가 부서진 의자 안에 몸이 껴 움직일 수 없게 되었다면 전치사 'in'을 사용할 수 있다. 또한 호주머니에 있던 지갑이 의자 틈에 빠진 상황에도 전치사 'in'을 사용할 수 있다. 문장의 의미와 상황에 맞는 전치사를 선택하자.

O Help! I'm stuck in the sofa! 도와 줘요! 나는 소파에 몸이 끼었어요!
O My wallet fell out of my pocket and is somewhere in the sofa.
내 지갑이 주머니에서 떨어져 소파 속 어딘가에 있다.

This is my first visit to the USA

○ 필수 오답노트

X   This is my first visit of the USA.

O   **This is my first visit to the USA.**

이번이 첫 미국 방문이다.

동사 'visit'의 활용

동사 'visit'는 '~를 방문하다'라는 의미이다. 'visit'는 명사로도 사용할 수 있다.
먼저 'visit to + 장소'의 형태로 사용하면 '특정 장소에 방문하는 것'의 의미이다. 위 예문에서는
'the USA'라는 장소가 나왔으므로 전치사 'to'를 사용한다.
또한 'visit of + 사람'의 형태로 사용했다면 '누군가가 방문한 것'이라는 뜻이다.

O This is the first visit of Uncle Joe.

조 삼촌의 첫 번째 방문이다.

My family moved from Busan to Seoul

오답률
74.7
%

필수 오답노트

X My family moved Busan to Seoul when I was second year high school.

O **My family moved from Busan to Seoul when I was in my second year of high school.**

우리 가족은 내가 고등학교 2학년 때 부산에서 서울로 이사했다.

동사 'move'의 활용

전치사 'from'은 동사와 함께 사용하여 '사람이나 사물이 움직임을 시작하는 지점'을 표현한다. 이와 달리 전치사 'to'는 동사와 함께 사용하여 '사람이나 사물이 도착하는 지점'을 표현할 때 사용한다.

O Joe walked from east to west. 조는 동쪽에서 서쪽으로 걸었다.

위 예문에서 동사 'move'는 '이사를 가다'라는 의미다. "부산에서 서울로 이사를 간다."라는 표현은 'move from Busan to Seoul' 구조를 활용해 영작한다.

또한 동사 'move'는 '~을 움직이다'는 뜻으로도 사용되는데, '마음을 움직인다'는 의미를 가진 형용사 'moving(감동적인)'의 형태로 종종 사용한다.

What was the movie like?

O It was sad but moving.

O It was sad but touching. 슬펐지만 감동적이었어.

moving 대신에 touching이라고도 말할 수 있다.

I am outside waiting for my son

오답률
89.7
%

○ 필수 오답노트

X I am in the outside waiting for my son.

O **I am outside, waiting for my son.**

나는 내 아들을 기다리며 밖에 있다.

'outside'의 활용

'outside'는 부사, 형용사, 전치사, 명사로 사용되는 단어다. 부사와 전치사로 '~의 바깥에'라는 의미다. 비슷한 단어로 'outdoors'가 있다.

O It was sunny outside, but not very warm. (부사로 활용)

바깥에 날씨가 좋긴 했지만 아주 따듯하지는 않았다.

O I'll meet you outside the library at four o'clock. (전치사로 활용)

4시에 도서관 밖에서 만나자.

'outside'가 명사일 때는 주로 단수로 사용하여 '바깥쪽(면)'을 의미한다.

O The outside of the house needs painting.

집 바깥쪽은 페인트 칠이 필요해요.

'outside'는 형용사로 '바깥의' 또는 '외부의'라는 의미이고, 명사 앞에서만 쓰인다.

O It's a bit dark at night. We could put an outside light there. (형용사로 활용)

밤에는 약간 어둡다. 우리는 저기 바깥 등을 켤 수 있다.

I am in pain

O **필수 오답노트**

X I am pain.

O **I am in pain.**

나는 고통스럽다.

명사 'pain'의 활용

'pain'은 명사로 '고통'을 뜻한다.
'painful'은 형용사로 '고통스러운'을 뜻한다.
I am in pain (now). = It hurts.

부상을 당했거나 병 때문에 통증이 있을 때, 'be동사 + in pain'을 활용하여 표현할 수 있다.

O The injured soldier was writhing in pain, bathed in perspiration.

부상당한 병사는 땀에 젖은 채 아파서 몸부림치고 있었다.

O The patient was in pain from gallstones.

그 환자는 담석으로 고통스러워했다.

O The sick man lives in pain every day emotionally and physically.

그 환자는 정신적, 육체적 고통 가운데 하루하루를 살고 있다.

'~가 아프다'라는 의미로 다음과 같이 말할 수 있다.

O My back is hurting me badly.

O My back is killing me. 허리가 아파 죽겠어.

166   I came to Australia to study English

오답률
74.3
%

O 필수 오답노트

X   I came Australia to study English.

O   **I came to Australia to study English.**

나는 영어 공부를 하러 호주에 왔다.

동사 'come'의 활용

학습자들이 동사 'go'와 'come'을 혼동하는 경우가 많다. 동사 'come'은 '말하는 사람이나 듣는 사람이 있는 곳으로 이동하는 것'을 말한다. 전치사 'to'와 함께 사용하여 '~로 가다' '~오다'라는 뜻이다. '~에 다다르다'라는 뜻으로 'come to'는 'arrive at'과 같은 의미다.
이와 달리 동사 'go'는 '말하는 사람이나 듣는 사람이 있는 곳에서 멀어지는 것'을 의미한다.

O   She came to class with unfinished homework.
그녀는 숙제를 끝내지 않은 채로 수업에 왔다.

약속장소에서 기다리는 친구가 지각한 나에게 화를 내며, "Where are you now?"라고 묻는다고 상상해보자. 이때 듣는 사람 입장에서는 내가 오는 중이기 때문에 go가 아닌 come을 쓴다.

O   "Where are you now?" "I'm coming." 지금 가고 있어.

'come to 장소'는 '~에 오다'라는 뜻이다.

'집에 오다'라고 말할 때는, 'home'이 부사이기 때문에 전치사 'to'를 붙일 필요가 없다. 따라서 'come home'이라고 말하면 된다.

O When did you come home last night?

어제 밤에 언제 집에 왔니?

O When did you arrive at home last night?

어제 밤에 언제 집에 도착했니?

The thief got in through the window

O **필수 오답노트**

X The thief got in from the window.

O **The thief got in through the window.**

> 도둑이 창문을 통해 들어왔다.

- -

전치사 'through'의 활용

전치사 'through'는 '~을 통해, ~을 관통하여, ~의 사이로'의 의미를 가지고 있다. 'through'는 '무엇의 한쪽 끝부분이나 면에서 다른 한쪽 면 또는 끝부분으로 관통하거나 이어짐'을 나타낸다. 위 예문은 내용상 전치사 'from'보다 'through'를 사용하는 것이 좋겠다. 다음 예문을 통해 사용 방법을 익혀보자.

O The truck passed through a tunnel. 그 트럭이 터널을 통과했다.

O We drove through Denver without stopping.

> 우리는 정차하지 않고 덴버로 차를 몰았다.

O The sunlight came through the window.

> 햇빛이 창문을 통해 들어왔다.

O **이것도 알아두세요!**

O I saw a train running west from Chicago.

> 나는 열차가 시카고에서 서부로 운행하는 것을 보았다.

전치사 'from'은 공간적인 움직임의 시작점을 명백히 밝힐 때 사용한다.

I must call him immediately

오답률 **78.3** %

○ **필수 오답노트**

X I must to call him immediately.

O **I must call him immediately.**

나는 그에게 즉시 전화해야만 돼.

조동사 'must'의 활용

'must'는 '~임에 틀림없다'라는 의미로 강한 확신의 의미가 있다. 또한 '~을 해야 한다'는 당위성을 표현하는 데 사용한다. 조동사로서 'must + 동사원형'의 형태로 사용한다. (must + to 부정사는 틀림)

○ Tracy doesn't text me back right away. She must be angry. (강한 확신)

　트레이시가 즉시 답문을 보내지 않아. 화가 난 게 틀림없어.

○ I must finish my homework tonight. (당위성)

　나는 오늘 밤 숙제를 끝내야 한다.

참고로 동사 '~에게 전화하다, 문자를 보내다, 이메일을 보내다'라고 말할 때,

'call, text, email + 사람'을 쓴다. '~에게' 때문에 전치사 'to'를 붙이지 않는 것에 주의한다.

○ I will call mom. 엄마한테 전화할게요.

○ I should text her. 나는 그녀에게 문자를 보내야 해.

○ You can email me. 이메일을 보내주시면 됩니다.

아래와 같이 전치사 to를 쓰지 않는다.

X call, text, email + to + 사람
X You can email to me.

영어를 맛있게 즐기는 법

Conked out

잠에서 깨어 말똥말똥 눈을 뜨고 있는 아기가 있다면 "The baby is wide awake."라고 표현한다. 반면 깊이 잠들어 있는 상태를 묘사할 때에는 "The baby is fast asleep."이라고 표현한다. 깊고 곤히 잠들었다는 표현에 형용사 fast를 활용한 것이다.

그렇다면 너무 피곤해서 그냥 잠드는 정도가 아니라 곯아 떨어져서 자게 되는 경우는 어떻게 표현할까? 그때는 'be conked out'을 활용해 다음과 같이 표현한다. "The baby is conked out."

I lost weight

○ 필수 오답노트

X I lost my weight

O **I lost weight.**

나는 살이 빠졌어.

관용적 표현 'lose weight'의 활용

'살이 빠지다'는 표현은 영어로 'lose weight'라고 표현하며 관용적으로 사용한다. 소유격형용사 'my'를 함께 사용하지 않는 것에 주의하자.

또한 'weight'는 셀 수 없는 명사이므로 부정관사 'a'나 수량을 나타내는 'many'와 함께 사용할 수 없다.

X You've lost your weight.

X You've lost a weight.

X I want to lose many weight.

잘못된 표현을 아래와 같이 고쳐서 말할 수 있다.

O I want to lose a lot of weight.

　　나는 살을 많이 빼고 싶다.

O You've lost weight.

　　당신은 살이 빠졌군요.

170

I've gained 10 pounds

오답률
78.3
%

○ 필수 오답노트

X My weight has increased by 10 pounds since I hurt my ankle.

O I've gained 10 pounds since I hurt my ankle.

나는 발목을 다친 이후로 체중이 10파운드 늘었다.

체중에 관한 다양한 표현

○ I've gained/put 20 pounds in a month.

나는 한 달 만에 20파운드가 쪘다.

○ I've gained about 9 kilograms in a month.

나는 한 달 만에 9킬로그램 쪘다.

20파운드를 환산하면 9.07185kg (1파운드 = 0.4536kg)

"나 10파운드 쪘어."를 말할 때, "My weight has increased by 10 pounds."라고 말하지 않는다.
'체중이 늘다' 또는 '살이 찌다'를 영어로 말할 때, 'gain weight' 또는 'put on weight'라고 말하는 것이 자연스럽다. 반대로 '체중이 감소하다' 또는 '살이 빠지다'는 'lose weight' 라고 말하면 된다. 살을 빼기 위해서 '다이어트하다'는 'go on a diet'이다.

171

First, break the yolk and stir a little

오답률
88.3
%

O 필수 오답노트

X At first, break the yolk and stir a little.

O **First, break the yolk and stir a little.**

먼저, 노른자를 깨트리고 약간 휘저으세요.

'first'의 다양한 활용

'at first'는 '처음에'라는 뜻으로 시간만을 의미하는 표현이다.

O At first when we moved there, we were not close to our neighbors.
처음에 우리가 그곳에 이사 갔을 때 우리는 이웃들과 친하지 않았다.

'at first'의 반대는 일반적으로 'in the end'이다. 'in the end'는 '마침내, 결국'의 의미다.
at the end'와 'in the end'는 전혀 다른 뜻이다.

X At first when we moved there, we were not close to our neighbors, at the end
we became good friends.
O At first when we moved there, we were not close to our neighbors, in the end
we became good friends.
처음에 우리가 그곳에 이사 갔을 때 우리는 이웃들과 친하지 않았다. 그러나 결국 우리는 좋은 친구사이가
되었다.

284

'first'는 '우선, 첫 번째'라는 의미로 일의 순서를 표현할 때 사용한다.

O First, fill in this form. Second, submit it to Window 1.
　첫 번째, 이 서류를 작성하시오. 두 번째, Window1에 제출하시오.

'for the first time'은 '처음으로'라는 의미이다.

O I went to Spain for the first time last year.
　나는 작년에 처음으로 스페인에 가보았다.

O 이것도 알아두세요!

'at the end (of)'는 '～의 끝에/마지막에'라는 뜻으로 'at the end of'의 반대는 'at the beginning of'이다.

O I'm going on a business trip at the end of October. 나는 10월 말에 출장을 간다.
X in the end of October

172

I want to have a lot of friends from other countries

오답률
78.3
%

○ 필수 오답노트

X I want to have much friends from other countries.

O I want to have many/a lot of friends from other countries.

나는 다른 나라에서 온 친구를 많이 갖기를 원한다.

'many'와 'much'의 활용

수량 형용사인 'many'와 'much'는 다음과 같이 사용한다.

'many'는 '다수의'라는 뜻으로서 수의 많음을 나타낸다. 셀 수 있는 명사의 복수형 앞에 사용한다. 같은 표현으로 'a lot of ~'와 'lots of ~'가 있다.

O There are a lot of students in the library.

　많은 학생들이 도서관에 있다.

O She collected many stamps this morning.

　그녀는 오늘 아침 많은 우표를 모았다.

'much'는 '다량의'라는 뜻으로서 양의 많음을 나타낸다. 셀 수 없는 명사 앞에 사용한다. 같은 표현으로 'a lot of ~', 'lots of ~', 'a good deal of ~'가 있다.

O He doesn't have much money.

　그는 돈이 많지 않다.

'other'는 한정사로서 셀 수 있는 명사의 복수형, 셀 수 없는 명사, 대명사 앞에 쓸 수 있다. 위 예문에는 'other' 뒤에 셀 수 있는 명사의 복수형인 'countries'를 사용했다.

O I have invited other people.

나는 다른 사람들을 초대했다.

O Have you got any other dresses, or are these the only ones?

다른 원피스들도 샀니 아니면 이것들이 전부인거니?

173

I don't believe in ghosts

오답률
79.7
%

O 필수 오답노트

X I don't believe about the ghost.

O **I don't believe in ghosts.**

나는 유령의 존재를 믿지 않는다.

동사 'believe'의 활용

'believe in'은 '~의 존재를 믿다'는 뜻으로 이어지는 내용이 옳고 바람직한 것이라는 화자의 생각을 표현할 때 사용한다. 'believe in'의 형태로 관용적으로 사용하므로 기억해두자.

O I don't believe in censorship of the arts.

나는 예술에 대한 검열을 믿지 않는다.

O She believes in fairies.

그녀는 요정이 있다고 믿는다.

Her husband committed suicide

O 필수 오답노트

X Her husband is suicide.

O Her husband committed suicide.

그녀의 남편은 자살했다.

'commit suicide'의 활용

동사 'commit'는 '(잘못된 일, 범죄를) 저지르다. 범하다'는 의미다.

O He committed a crime in providing the information to a reporter.
그는 기자에게 정보를 주는 데 있어서 범죄를 저질렀다.

동사 'suicide'는 '자살'을 뜻하는 명사다. 종종 동사 'commit'와 함께 '자살을 범하다, 자살하다'라는 의미로 사용한다. 위 예문과 같이 'be동사 + suicide'의 형태로 사용하지는 않는다.

O She threatened to commit suicide. 그녀는 자살할 것이라고 위협했다.

O 이것도 알아두세요!

'kill oneself'로 표현할 수도 있다.

O Her husband killed himself. 그녀의 남편은 자살했다.

It's seven twenty

○ 필수 오답노트

X It's seven twenty o'clock.

O It's seven twenty.

7시 20분이야.

시간의 표현

많은 학습자들이 시간을 표현할 때 'o'clock'을 습관처럼 붙여 사용한다.

O 1 o'clock
O six o'clock

'o'clock'은 '1시, 2시, 3시'와 같이 시간 표현 바로 뒤에 사용하여 '정확한 시간'을 나타낸다. 하지만 분 단위의 시간을 말할 때 함께 사용하면 안 된다. 위 예문에서는 '7시 20분'을 표현해야 하므로 'o'clock'을 뺀 "It's seven twenty."라고 말해야 옳은 표현이다.
"나는 6시 30분에 일어난다."라는 표현은 다음과 같다.

O I get up at 6:30.
X I get up at 6:30 o'clock.

참고로 '9시 10분'의 표현은 다음과 같으며, '10분이 지난 9시'라고 표현할 수도 있다.

O It's nine ten.
O It's ten past nine.
X It's ten past nine o'clock.

'8시 50분' 혹은 '10분 전 9시'라는 표현도 알아두자.

O It's eight fifty.
O It's ten to nine.

O 이것도 알아두세요!

O I'll meet you at your office at seven o'clock sharp.
   당신 사무실에서 7시 정각에 만납시다.
   'sharp'를 사용하여 '정각 7시'라고 표현할 수도 있다.

I like green

○ 필수 오답노트

X   I like green color.

O   **I like green.**

나는 초록색을 좋아한다.

색깔을 나타내는 명사의 활용

"나는 녹색을 좋아해."를 영어로 표현할 때 'green color'라고 하는 경우가 있다. 그러나 이는 옳지 않은 표현이다. 색깔을 나타내는 명사 'green'만 사용하거나, 'the color green'과 같이 'the color + 색깔 명사' 형태로 사용한다.

O Sue always wears something blue. She must like the color blue.

수는 항상 파란색이 들어간 옷을 입는다. 그녀는 파란색을 좋아하는 것이 분명하다.

○ 이것도 알아두세요!

O I feel blue. 나는 우울하다.
O go green. 친환경적이 되다.

I get hot easily in summer

오답률

83.5 %

O **필수 오답노트**

X I'm hot easily in summer.

O I get hot easily in summer.

나는 여름에 더위를 잘 탄다.

형용사 'hot'의 활용

"나는 더위를 잘 탄다."를 영어로는 "I get hot easily."라고 말할 수 있다.

O Do you get hot easily like me? 너는 나처럼 더위를 잘 타니?

'(지금) 덥다'라는 말을 영어로 전달할 때, "I'm feeling hot."을 종종 "I'm hot."이라고 표현하는 것을 들어본 적이 있을 것이다. 둘의 의미는 같을 지라도, "I'm hot."은 중의적인 의미를 가지고 있기 때문에 주의해서 써야 한다.

O It's hot outside. (날씨를 나타내는 비인칭 주어 It)
O I'm hot. (I'm feeling hot now.)
O She's hot. (She's sexy.)

O **이것도 알아두세요!**

O No, I get cold easily, so I hate winter. 아니, 나는 추위를 잘 타. 그래서 겨울이 싫어.
O Yes, I get hot very easily and sweat a lot. 응, 나는 더위를 너무 잘 타고 땀도 많이 흘려.
O I'm always hot and sweat easily in summer. 나는 여름이면 항상 덥고 땀이 난다.

What does she look like?

○ **필수 오답노트**

X How does she look like?

O **What does she look like?**

그 여자 어떻게 생겼나요?

'what'과 'how'의 활용

'What ~ like?'는 'How~?'와 같다. 'How ~like?'는 틀린 표현이므로 혼동하지 않도록 주의하자. 이해를 돕기 위해서 다음의 예를 살펴보자. "오늘 날씨가 어때?"라는 말을 영어로 물을 때 "How's the weather like today?"는 잘못된 표현이다.

X How's the weather like today?
O How's the weather today? 오늘 날씨가 어때요?
O What's the weather like today? 오늘 날씨가 어때요?

또, 'What does she look like?'와 'How does she look?'은 다른 의미를 갖는다.

O What does she look like? 그녀는 어떻게 생겼니?

겉모습을 묘사해 달라는 상대방의 의도를 제대로 파악했다면 적절한 반응은 간단히 예를 들자면,
She's tall and pretty. 그녀는 키가 크고 예쁘다.
라고 외모를 묘사해 주면 되는 것이다.

O How does she look? 그녀는 (지금) 어떻게 보여?

She looks tired/ bored/ great 등으로 그 사람이 어떻게 보이는지 상태를 말해달라는 질문이지, 외모의 특징을 물어보는 것이 아니다.

I have been waiting for two hours

○ 필수 오답노트

X I have been waiting since two hours.

O **I have been waiting for two hours.**

나는 2시간 동안 기다리고 있다.

현재완료시제의 활용

'have + 과거분사'는 현재완료시제로서, '(과거에 언제 어떤 행위나 사건이 시작되었는지는 중요하지 않으며) 과거부터 현재까지 그 행위가 이어져 현재에도 밀접하게 영향을 미치고 있는 것'의 의미를 가지고 있다.

'have been + 동사-ing'의 형태는 현재완료 진행시제이다. '과거부터 지금까지 ~을 해왔다'는 화자의 의도가 담긴 시제 표현이다.

일반적으로 과거부터 지금까지 계속된 일을 말할 때 구체적인 기간을 의미하는 전치사 'for'와 시작하는 시점을 의미하는 전치사 또는 접속사 'since'를 함께 사용한다.

O I have been an English teacher for five years.
나는 5년 동안 영어 선생님이다.

O I have been an English teacher since 1989.
나는 1989년도 이후로 영어 선생님이다.

How many Korean alphabets do you know?

O 필수 오답노트

X How many Korean letters do you know?

O How many Korean alphabets do you know?

한국어 알파벳은 몇 개나 알고 있나요?

명사 'letter'의 잘못된 사용

어떤 외국인이 "How many Korean characters are there in total?" 하고 한글은 총 몇 개의 알파벳으로 구성되었는지 물어본다면, 무엇이라고 말하겠는가?

또, 영어 알파벳은 5개의 모음(a, e, i, o, u)과 21개의 자음(b, c, d, f......y, z)으로 구성되어 있다는 사실을 알고 있는가? '한글'은 'Hangul' 또는 'Korean alphabets'이라고 하며, '중국 한자'는 'Chinese characters'라고 말한다. '한글'을 말할 때 'Korean letters'라고 하는 것은 잘못된 표현이다.

명사 'letter'는 '편지'라는 뜻을 가진 단어다. 또한 'letter'는 '글자'라는 뜻을 가지고 있다. 영어의 대문자를 'capital letters'라고 표현하며, 소문자는 'small letters'라고 말한다.

O I wrote many letters to him. 나는 그에게 많은 편지를 썼어요.

O Please write in capital letters. 대문자로 쓰시오.

O Let's learn every Korean letter of the Korean alphabet.
  한글에 있는 모든 글자를 배워보자.

○ **How much do you know about Hangul?**

한글에 대해 얼마나 알고 계신가요?

영어를 맛있게 즐기는 법

YOLO

YOLO는 "You Only Live Once."의 의미다. 어차피 한 번 뿐인 인생을 원하는 것이나 취미생
활을 맘껏 즐기며 살자는 의미로 요즘 자주 사용하는 표현이다. 휴양지에 가면 카페나 음식점의
상호로 사용하는 것을 볼 수 있다. 파티에서 쭈뼛거리며 분위기를 맞추지 못하는 친구가 있다면
이렇게 한마디 해보자. "Let's party like there's no tomorrow. You only live once."

The other students are Mexican

○ 필수 오답노트

X The others students are Mexican.

O **The other students are Mexican.**

다른 학생들은 멕시코인이다.

'other'와 'others'의 활용

'one'은 막연한 '어떤' 단수 명사이다. 'other'는 명사와 함께 쓰이며 '다른 ○○○'을 의미한다. 'Other'나 'The other'는 명사와 함께 쓸 수 있다. 'others'는 대명사로 쓰이므로 '(the) others + 명사'는 잘못된 구조이다. others 와 the other(s)는 특정한 것을 지칭할 때는 the 를 붙인다는 것을 알아두면 이해하기 쉽다.

O Some people like animals but others don't like animals.
어떤 사람들은 동물을 좋아하지만 다른 사람들은 동물을 좋아하지 않는다.

O There are 13 students in my ESL class. Some students are Asians. The other students are Mexican.
나의 ESL수업에는 13명의 학생들이 있다. 일부 학생들은 아시아인이다. 다른 학생들은 멕시코인들이다.

또, 참고로
1. 총 2개일 경우
There are two apples. One is mine. The other is my sister's.
2개의 사과가 있다. 한 개는 내 것이고, 또 다른 하나는 여동생의 것이다.

2. 총 3개일 경우

There are three umbrellas. One is yellow. Another is green. The other is blue.

다음 예문에서 'another'는 '(불특정 다수 가운데) 또 다른 하나'라는 의미로 사용되었다.

O Can I have another piece of pumpkin pie?

호박 파이 한 조각 더 주실래요?

O 이것도 알아두세요!

다음 문장에서 어색한 부분을 찾아보자.

X My an apple is red.

많은 학습자들이 어색한 부분을 쉽게 찾는다. 한정사 'my'와 관사 'a, an'을 함께 사용한 것이 오류다. 위의 문장을 문법에 맞게 바꾸면 다음과 같다.

O an apple of mine is red. 내 사과들 중 한 개는 빨간색이다.

다음 예문도 함께 살펴보자.

X His a friend
O a friend of his 그의 친구 중 한 사람
O a friend of his friends

182   During the class, we studied grammar

오답률 **73.3** %

○ 필수 오답노트

X   While the class; we studied grammar.

O   **During the class, we studied grammar.**

수업시간 동안 우리는 문법을 공부했다.

'while'과 'during'의 활용

'while'은 '어떤 일이 일어나는 중에 또 다른 일이 일어나는 배경이 되는 시간'을 언급할 때 사용하는 표현이다. 다음 예문과 같이 접속사 'while' 뒤에는 문장(주어 + 동사) 형태가 나온다.

O   I think it was while I was shopping in El Corte Inglés.

　제 생각엔 제가 El Corte Inglés에서 쇼핑하고 있을 때였던 것 같아요.

O   I'm sorry to hear your husband has a broken leg. What happened?

　남편분이 다리가 부러지셨다니 유감이네요. 무슨 일이 있었나요?

O   He fell off the ladder while he was painting the ceiling.

　제 남편이 천장을 페인트칠하고 있는 도중에 사다리에서 떨어졌어요.

'during' 역시 비슷한 의미를 가지고 있다. 그러나 'during'은 문장(주어 + 동사) 형식에서는 사용할 수 없다. 따라서 'while'과 'during'을 바꾸어 사용할 때는 주의해야 한다.
다음 예문에서 '잠이 든 것은 영화와 같은 시간에 일어난 것'이다. 전치사 'during' 다음에는 명사가 나온다.

O When did you lose your credit cards?

언제 신용카드를 잃어버렸니?

O I fell asleep during the movie because it was so boring.

나는 영화가 너무 지루해서 영화를 보는 중에 잠이 들었어.

O 이것도 알아두세요!

While 다음에 나오는 주어와 be동사를 생략하고 while + v-ing로 말할 수 있다.

O While (we were) studying grammar, we drank a lot of coffee.

우리는 문법 공부를 하는 동안 커피를 많이 마셨다.

I was cooking while my daughter is doing homework

오답률 **83.3** %

O 필수 오답노트

X I was cooking when my daughter is doing homework.

O **I was cooking while my daughter is doing homework.**

나는 내 딸이 숙제를 하는 동안 요리를 하고 있었다.

'while'과 'when'의 활용

'when'은 '~할 때'라는 뜻으로 '특정한 시기나 때'를 나타낸다.

O When I was a child, we lived in London.

내가 어렸을 때, 우리는 런던에 살았다.

반면 '~하는 동안'의 뜻으로 'while'을 사용할 때, '비교적 오래 지속되는 두 가지의 상황이나 사건이 동시에 일어나는 것'을 표현한다. 위 예문은 'cook'과 'do homework'가 동시에 일어나는 동작임을 나타내므로, 'while'을 활용하는 것이 옳다. 다음 예문을 함께 살펴보자.

O While you were reading the paper, I was working.

네가 신문을 읽고 있는 동안, 나는 일을 하고 있었다.

Even though Canada is a large country

오답률
81.3 %

O **필수 오답노트**

X Even if Canada is a large country, it has only a small population.

O **Even though Canada is a large country, it has only a small population.**

캐나다는 큰 나라임에도 불구하고, 인구가 적다.

- -

'even if'와 'even though'의 활용

접속사 'even if'와 'even though'는 '비록 ~일지라도, ~에도 불구하고'라는 뜻으로 사용한다. 두 접속사는 쓰임에 차이가 있는데, 'even if'는 문장의 내용이 '어떤 사실이나 사건이 일어날 수 있는 가능성'이 있을 때 사용한다. 반면 'even though'는 '알려진 사실'에 관한 내용일 때 사용하는 접속사다.

O Even if I win the lottery (약간의 가능성), I will still teach my students.
설령 내가 복권에 당첨된다 하더라도, 나는 여전히 내 학생들을 가르칠 것이다.

O Even though I hadn't eaten anything for three days, I wasn't hungry.
비록 3일 동안 아무것도 먹지 않았지만, 나는 배가 고프지 않았다.

I really enjoy speaking English with people

○ 필수 오답노트

X I really enjoy speaking English anybody come from another country.

O **I really enjoy speaking English with people from other countries.**

나는 다른 나라 사람들과 영어로 대화하는 것을 정말 좋아해.

동사 'speak'의 활용

동사 'speak'는 다양한 뜻이 있는데, 특히 "~와 함께 ~에 대해서 이야기하다."라는 문장을 만들 때 'speak with + someone + (about someone or something)'의 형식을 사용한다. 또한 동사 'talk'를 활용하여, 'talk with + someone + (about someone or something)'으로 표현할 수도 있다.

O I was speaking with Fred about Don, who is a mutual friend.
나는 프레드와 돈에 대해서 이야기를 나눴다. 돈은 서로 아는 친구이다.

O I will speak with his friend. 나는 그의 친구와 이야기를 나눌 것이다.

○ 이것도 알아두세요!

O I need to know something about Don.
나는 돈에 대해서 좀 알 필요가 있다.

I've been living in a studio apartment for 3 months

오답률
77.5
%

○ **필수 오답노트**

X I've been living in a one room for 3 months.

O **I've been living in a studio apartment for 3 months.**

나는 3개월 동안 원룸에서 생활을 하고 있어.

'a studio apartment'의 활용

우리나라에 원룸에서 사는 인구가 최근에 급증하고 있다. "원룸에 3개월째 살고 있어요."라는 말을 외국인에게 영어로 말할 때, 당연히 '원룸'이라고 말하면 굉장히 어색하게 들리며, 올바른 표현이 아니다. 한국의 다양한 주거형태에 대해 배경지식이 있는 눈치 빠른 외국인들은 알아들을 수도 있겠으나, '원룸'을 영어로 올바르게 표현해보자.

영어에서 'apartment'는 'suite'와 'flat'과 같은 말로서 '한 가족이 살고 있는 집(공간)'의 의미다. 영어에서 'apartment' 건물 전체는 'apartment building'으로 표현한다. 즉 'apartment building'은 여러 층으로 이루어졌으며 각 층마다 몇 개의 'apartments'를 가진 건물을 의미한다. 또 'condo'는 '아파트, 사무실 건물 또는 기타 복합 시설 단지'로서 우리나라 사람이 오피스텔이나 아파트로 생각하는 것을 캐나다에서는 'condo'라고 말한다.

영어로 원룸은 'a studio apartment'이고, 영국에서는 'a studio flat'이라고도 말한다. 짧게 'studio'라고 말하기도 하는데, 우리나라에서 '사진관, 작업실' 따위를 의미하는 스튜디오로 오해해서는 안 된다.

O I've been living in my studio for 3 months.

I am looking forward to meeting you

○ 필수 오답노트

X I am looking forward to meet you in person.

O **I am looking forward to meeting you in person.**

나는 당신을 직접 만나기를 고대하고 있습니다.

'looking forward to'의 활용

'look forward to + something'은 '~을 몹시 기다리다'의 뜻이다. 'look forward to' 뒤에는 '동명사, 대명사, 명사'가 온다. 주의할 것은 'to'는 부정사가 아니라 전치사이므로 'to + 동사원형'으로 사용하지 않는 점에 주의한다.

O We all look forward to your new painting.

우리 모두는 당신의 새 그림을 고대한다.

O I'm really looking forward to attending your first solo exhibition.

나는 당신의 첫 단독 전시회에 참석하는 것을 몹시 기대하고 있다.

look forward to 구문은 이메일 양식에서 맺음말 부분에도 자주 등장한다.

O I look forward to seeing you.

O I'm looking forward to seeing you.

당신을 뵙기를 기대합니다.

두 표현 모두 다 사용가능한 표현이지만, 중요한 업무상의 문서 (cover letter(자기소개서), 공문서, 비즈니스 서신, 등등) 에는 단순현재시제 형태의 'look forward to ～'가 좀 더 격식적인 표현이므로 현재진행형의 'I'm looking forward to～'를 쓰는 것 보다 더 적합하다.

영어를 맛있게 즐기는 법

Promise

'약속'이란 영어 단어는 promise와 appointment가 대표적이다. 이 단어는 의미의 차이가 있는데, promise는 '개인적인 약속' 혹은 '다짐'이란 의미다. 반면 appointment는 병원, 변호사 등 전문적인 직업인과의 '예약이나 약속'을 의미한다. 참고로 호텔이나 레스토랑을 예약할 때는 'make a reservation' 표현을 활용한다.

여러분의 친구가 주말에 만나자는 제안을 했을 때 어떻게 답하면 좋을까? 여러분의 주말이 한가하다면 다음과 같이 말하면 된다. "No, I don't have any plans."

Did you take medicine?

O 필수 오답노트

X Did you eat medicine?

O **Did you take medicine?**

약 먹었니?

- -

'take medicine'의 활용

동사 'eat'는 '먹다'라는 의미가 있는데, 위 예문은 '약을 먹는 것'을 표현하는 것이므로 적절하지 않다. 영어에서는 물약이나 알약 등 입으로 먹는 약을 복용할 때 동사 'take'를 활용한다.

X Did you eat a pill?

O You should take medicine because you are sick.

    너는 아프니까 약을 먹어야 한다.

O 이것도 알아두세요!

X You should have some drugs because you are sick.

    몸이 아파 복용하는 약은 'medicine'이며, 'drug'를 사용하지 않는다.

189

I cannot taste the food well when I have a cold

오답률
84.9
%

O 필수 오답노트

X I cannot taste the food well when I catch a cold.

O **I cannot taste the food well when I have a cold.**

나는 감기가 걸려 있을 때 음식 맛을 볼 수가 없다.

'감기에 걸렸다'의 표현

'catch a cold'와 'have a cold'는 쓰임의 차이가 있다. 'have a cold'는 '현재 감기에 걸린 상황'을 표현할 때 사용한다. 반면 'catch a cold'는 감기가 이제 막 시작되는 순간을 의미한다.

많은 학습자들이 위 예문에서 동사 'have'와 'catch'를 혼동해서 사용하는 것으로 나타났으니 주의해서 문장을 사용하자.

I feel like going to another place

O **필수 오답노트**

X I feel like I have to go another place.

O **I feel like going to another place.**

나는 다른 곳으로 가고 싶다.

'feel like'의 활용

'～하고 싶다.'라고 표현할 때 'feel like + 동사-ing'의 형태를 사용한다. 이때 'like'는 'at'이나 'in'과 같은 전치사이므로 뒤에 동명사가 온다.

O I feel like having a snack.

나는 간식을 먹고 싶다.

O I don't feel like going to bed.

나는 잠자리에 들고 싶지 않다.

또한 '무엇인가를 잘할 수 있다'라고 표현할 때는 'be good at something'의 형태를 활용한다. 이런 표현들은 자주 사용되므로 기억해두자. 'at'은 전치사이므로 뒤에 명사, 대명사, 동명사가 나올 수 있다.

O He is good at playing the piano. 그는 피아노를 잘 친다.
   (at play는 틀림)

X I think Kim is good in sing.

O I think Kim is good at singing.

내 생각엔 Kim이 노래를 잘하는 것 같아.

191

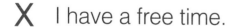

I am free

오답률

86.7
%

◯ 필수 오답노트

X   I have a free time.

O   **I am free.**

나 한가해.

"나 한가해."의 표현

"나는 한가해. 시간 있어."를 영어로 말한다면 어떻게 할까? "I am free."로 대답하면 된다. 하지만 "I have free time."은 직역하면, "나는 여가시간(spare time)이 있어요."라는 의미로 문법적으로 틀린 말은 아니지만, 누군가 만나자고 할 때, "(시간이 있어) 한가해."의 대답은 아니다. 정리하자면, 'free'에는 '쓸 수 있는 시간이 있다(time available to be used)'는 의미가 들어 있는 것이다. 간단한 표현이지만 많은 학습자가 틀리는 문장이니 기억해두자.

be free

O **Are you free on Friday night?**
금요일 밤에 시간 있니?

O **I'll be free anytime next week.**
다음 주에는 언제든지 한가할 거예요.

좀 더 격식 적이고 비즈니스 영어에 적합한 표현을 원한다면, 'available'을 써서 다음과 같이 말할 수 있다.

O **I'm available during the following times.**
저는 다음 시간대에 시간이 됩니다.

O Please let me know when you are available.

가능하신 시간을 제게 알려주세요.

'free time'을 써서 다음과 같이 말할 수 있다.

O What do you usually do in your free time? 여가시간에 주로 무엇을 하세요?

O Don't spend your free time playing games on your smart phone.

여가시간을 스마트폰 게임을 하면서 보내지 마라.

I will turn it off later when it gets cool

오답률
91.3
%

○ **필수 오답노트**

X I have to open the fan because it's hot.
I will close it later when it gets cool.

O **I have to turn on the fan because it's hot. I will turn it off later when it gets cool.**

더워서 선풍기를 켜야 해요. 나중에 시원해지면 선풍기를 끌 거예요.

동사 'turn'의 활용

전기를 사용하는 장치나 물과 기름을 활용하는 기계장치의 동력을 켜고 끌 때 'turn on'과 'turn off'를 활용한다. 위 틀린 예문에서 'open'과 'close'를 사용했는데, 많은 학습자들이 이와 같이 잘못된 표현을 사용하는 것으로 나타났다. 다음의 문장을 참고하여 'turn on'과 'turn off'의 쓰임을 익혀보자.

○ Turn on the TV.
○ Turn on the radio.
○ Turn on the lights.
○ Turn on the faucet. 수도꼭지를 틀어라.
○ Turn off the fan.
○ Turn off the gas.
○ Turn off the air conditioner. 에어컨을 꺼라.

O 이것도 알아두세요!

O He turned on/off the TV. TV를 켜다/끄다
O He switched on/off the TV.
　'turn' 대신에 동사 'switch'를 쓸 수도 있다.

찾아보기

J / K / L

M